Warnhinweis!

Die in diesem Buch angegebenen Rezepte und Hausmittel ersetzen nicht den Besuch beim Tierarzt. Sie sind lediglich für kleinere Wehwehchen gedacht, die nicht sofort einem Tierarzt gezeigt werden müssen. Zögern Sie aber nie eine wichtige Behandlung hinaus, weil Sie vorher selbst eine Therapie versuchen möchten. Im Zweifelsfalle sollten Sie immer Ihren Tierarzt befragen.

Wie dieses Buch entstand

Wie die meisten Dinge im Leben entstand dieses Buch durch einen Zufall. Da es in unserer Familie schon immer Tiere gegeben hatte, habe ich mich auch seit jeher für alternative Möglichkeiten ihrer Behandlung interessiert. Als ich mit dem Besuchen von Pferdeveranstaltungen begann und später dem örtlichen Verein der Ziegenhalter beitrat, war ich stets fasziniert, wenn ältere und viel erfahrenere Tierhalter und Halterinnen von den Methoden erzählten, mit denen sie viele Jahre lang ihre Tiere behandelt hatten – besonders in Kriegszeiten, als Geld und Medikamente Mangelware waren.

Ich wurde mir bewusst, dass es hier einen großen Fundus volkstümlichen Wissens gab, der von Generation zu Generation weitergereicht worden war und den man in einem Zeitalter, in dem alle möglichen »Allheilmittel« nur zu leicht über die Ladentheke erhältlich sind, nicht einfach vergessen sollte.

Als ich später auch Hundeausstellungen besuchte, entdeckte ich auf die gleiche Art und Weise zahlreiche faszinierende Tipps. Es dauerte nicht lange, bis ich damit begann, alles aufzuschreiben und an meinen eigenen Hunden auszuprobieren – mit allergrößtem Erfolg, wie ich behaupten kann. Diese Hausrezepte aus Großmutters Zeiten halfen meinen Hunden viel zu oft, als dass man sie als sinnloses und abergläubisches »Altweibergeschwätz« hätte abtun können.

Im Laufe der letzten Jahre veröffentlichte ich ausprobierte und bewährte Tipps und Rezepte in einer Hundezeitschrift namens »South West Dogs«, woraufhin die Leser zahlreiche weitere Tipps, Rezepte und Hinweise einsandten. Das Gleiche taten die Hörer meines Hörfunkspots auf Radio Severn Sound, und so begann meine Sammlung zusehends zu wachsen. Wann immer ich auf Seminaren über gesundheitliche Probleme bei Hunden sprach, kamen nach der

Veranstaltung unweigerlich Teilnehmer zu mir, um mir von ihren Rezepten zu berichten. Meine Sammlung wurde also immer größer, und was Sie nun in Händen halten, ist das Ergebnis der immer öfter an mich gerichteten Bitte, ich möge meine Tipps doch in Buchform zusammenstellen.

Ich schulde all denjenigen großen Dank, die jahrelang ihr Wissen und ihre Erfahrungen so großzügig mit mir geteilt haben. Ich hoffe, Sie finden diese Sammlung genauso nützlich wie ich – und falls Sie weitere Tipps zu ergänzen haben, lassen Sie es mich bitte wissen!

Linda Adam

Anschrift der Autorin:
Jasmine Cottage, 103
Westbury Leigh
Westbury, Wiltshire
England

Ein Wort zu den Zutaten

Wussten Sie, dass die englischen Hundehalter im vergangenen Jahr über vierzig Millionen Pfund (etwa 63 Millionen Euro) für ihre Hunde ausgaben? Diese immensen Kosten sind unnötig. Wir können sehr viel Geld sparen, indem wir das verwenden, was sich ohnehin in unseren Küchenschränken befindet und was in Gärten und auf Feldern wächst. Auf den folgenden Seiten werden einige Zutaten wieder und wieder auftauchen.

Eine meiner Lieblingszutaten ist **doppeltkohlensaures Natrium (Natron)**. Eine gute Prise Natron im Hundefutter bewirkt beispielsweise, dass der Urin Ihres Hundes weniger riecht. Beim Weiterlesen werden Sie feststellen, wie gut sich dieses wunderbare Mittel auch zum Zähneputzen, als Gegenmittel bei Vergiftungen, bei Hitzschlag, Pfotenlecken oder Fellkauen eignet, wie man damit Gerüche entfernen, das Fell weißer Hunde sauber halten kann und vieles mehr.

Apfelessig ist ein wunderbares Desinfektionsmittel und hilft gegen Flöhe oder Gerüche im Teppich. Er kann auch bei Rheumatismus helfen oder zur Fellpflege verwendet werden. **Maismehl** hilft bei Verbrennungen, **Weizenmehl** bei blutenden Krallen. Sie werden auch viele Verwendungsmöglichkeiten für **Salz, Knoblauch, Zitronen** und **Pfeffer** in diesem Buch finden.

Die im Text vorkommenden Kräuter sind alle leicht erhältlich oder einfach selbst anzubauen. Folgende Kräuter haben sich für mich als äußerst nützlich erwiesen:

Petersilie, fein geschnitten (z. B. mit einer Schere, dann im Einmachglas verwahrt) und über das Hundefutter gestreut, hilft bei Blasenentzündungen oder Prostataproblemen und hält außerdem noch den Atem Ihres Hundes frisch. Er wird auch bei durch das Autofahren verursachter Übelkeit angewendet.

Löwenzahn ist sehr vielseitig verwendbar und kann auch als Tee aufgegossen werden. Genau wie Brennnesseltee wirkt er als gutes Tonikum, hilft bei Gelbsucht und Koliken und reinigt den Körper von Giftstoffen. Denken Sie daran, dass die »Milch« aus den Stängeln auch gut gegen Warzen hilft. Betupfen Sie die Warze einmal täglich damit, bis sie verschwindet. Falls Sie im eigenen Garten keinen Löwenzahn haben, finden Sie ihn auf fast jeder Wiese. Sie können ihn sogar im Topf ziehen, wenn Sie die Samen der Pusteblume auf feuchte Blumenerde legen und andrücken. Jeder Gärtner wird Sie für verrückt halten ...

Wie gerne sich Katzen in **Katzenminze** wälzen, ist bekannt; die Pflanze ist aber auch hervorragend geeignet, um Flöhe zu vertreiben, genau wie **Flohkraut, Pfefferminz, Rainfarn** und **Zitronengras**.

Die **Vogelmiere**, die man häufig in trockenen Eckchen und auf ödem Grasland findet, ist ebenfalls vielseitig verwendbar. Für die Zubereitung von Tee übergießen Sie 30 Gramm Vogelmiere mit etwa einem halben Liter kochendem Wasser. Decken Sie den Aufguss ab, lassen Sie ihn abkühlen, sieben Sie ihn dann ab und füllen ihn in eine Flasche. Sie können ihn zur Behandlung von Augenproblemen, Insektenstichen, Ausschlägen und Hautallergien verwenden.

Eine Lösung aus **Beinwell** und wasserlöslichem Aspirin, einmal am Tag verabreicht, hilft gegen die Schmerzen bei Arthrose.

Viele von uns haben **Ringelblumen** im Garten (falls nicht, sind sie leicht anzubauen). Ihre Blüten sind sehr hilfreich bei Blasen und Bläschen, Ekzemen oder Insektenstichen – nicht nur für Hunde, sondern auch für Menschen! Rühren Sie etwa 30 Gramm frischer Ringelblumen-Blütenblätter in einen halben Liter kochendes Wasser, decken Sie den Aufguss ab und lassen ihn abkühlen. Füllen Sie die Flüssigkeit nach dem Absieben in einen Behälter und verwenden Sie sie zum Abtupfen von Ausschlägen, Stichen oder Ekzemen – die Linderung ist sofort spürbar. Im Kühlschrank hält sich diese

Lösung bis zu drei Monate lang. Sie können sie alternativ auch einfrieren und auftauen, wenn sie benötigt wird.

Thymian hilft gegen Schuppen. Diese und andere Anwendungs-
beispiele für Kräuter werden Sie in diesem Buch finden – ein
»Kräutermediziner« wird Ihnen natürlich noch Hunderte mehr nen-
nen können!

Die Holzschnitte von **Bosie** und den Früchten und Blumen in diesem Buch stammen von Hilary Paynter.

Was Großmutter noch über Hunde wusste

Eine alphabetische Sammlung von Unpässlichkeiten, Erkrankungen und Problemen und was man gegen sie tun kann

A

Adressanhänger für die Ferien

Zuhause sollte Ihr Hund immer eine Metallplakette mit eingravierter Telefonnummer und/oder Registernummer beim Haustierzentralregister am Halsband tragen. In den Ferien, insbesondere im Ausland, ist es aber sinnvoller, die Telefonnummer anzugeben, unter der sie im Urlaub zu erreichen sind. Ein Schlüsselanhänger aus Plastik leistet hierzu gute Dienste, alternativ auch ein Stückchen durchsichtiger Plastikschlauch, in das Sie einen Zettel schieben und das sie am Halsband festkleben. Falls Ihr Hund am Urlaubsort abhanden kommt, kann so wertvolle Zeit gespart werden, um ihn zu Ihnen zurückzubringen.

Akne

Akne kann trocken oder feucht sein und sich in kleinen Pickeln bzw. Flecken am ganzen Hundekörper zeigen. Mischen Sie eine halbe Tasse Babyflaschen-Desinfektionsmittel mit einem halben Liter abgekochtem kaltem Wasser (Lösung nicht stärker konzentrieren). Betroffene Hautstellen damit betupfen und trocknen lassen.

Analdrüsen, geschwollene

Falls Ihr Hund regelmäßig entwurmt wird (das sollte alle sechs Monate der Fall sein), können Sie gut erkennen, wann Sie sich um die Analdrüsen kümmern müssen: Der Hund versucht, auf dem Hinterteil sitzend »Schlitten zu fahren«, dreht sich immer wieder um und versucht, in Rücken und Rute zu beißen.

Ziehen Sie eine ganze Butterblumenpflanze mitsamt Wurzel aus der Erde, trocknen Sie sie, hacken sie sehr fein klein und füllen sie in ein luftdichtes Einmachglas. Bei Bedarf übergießen Sie einen Teelöffel dieses Butterblumenkrautes mit ein wenig kaltem Wasser und lassen es abkühlen. Ein Betupfen der geschwollenen Analdrüsen mit diesem Aufguss wirkt kühlend und lindernd.

Sie können auch eine Hand voll Salbeiblätter nehmen, sie mit Wasser bedeckt zum Kochen bringen, dann abkühlen lassen, durchsieben und den Sud zum Betupfen der infizierten Analdrüsen benutzen. Alternativ können Sie auch unverdünnten Apfelessig auf die Analdrüsen tupfen. Ein geschickter Hundefriseur kann verstopfte Analdrüsen zu einem Bruchteil des Preises ausdrücken, den der Tierarzt verlangen würde.

Antiseptische (Bakterien tötende) Mittel

Reiner Reisessig (in asiatischen Lebensmittelläden erhältlich) wirkt sehr stark desinfizierend – er tötet bei Kontakt sämtliche gefährlichen Bakterien ab.

Antiseptische Cremes

Schmelzen Sie Bienenwachs und verrühren Sie es zu gleichen Teilen mit Pflanzenöl. Geben Sie gut zwei Hand voll frischer, kleingehackter Vogelmiere hinzu, füllen Sie das Gemisch in Behälter und lassen Sie es über Nacht erkalten. Diese Creme wirkt Bakterien tötend und ist sehr wirksam bei allen Arten von Hautproblemen.

Bei Schnittwunden und Verletzungen lässt sich mit folgendem Rezept eine wunderbare natürliche Heilcreme herstellen:

Erhitzen Sie vorsichtig etwas pürierten Knoblauch und rühren Sie so viel Algenpulver (aus dem Reformhaus) hinein, bis eine weiche Paste entstanden ist.

Lassen Sie alles gut abkühlen, bringen Sie reichlich Paste mit etwas Wundgaze auf die verletzte Stelle auf und halten alles mit einer Bandage am Platz. Dieser Verband muss alle acht Stunden gewechselt werden.

Augen

Wenn die Umgebung der Augen entzündet oder rot gerändert ist, hilft ein bewährtes Rezept: Ein Teelöffel Olivenöl auf eine Tasse kalten schwarzen Tee, gut verrührt. Die betroffenen Stellen werden sanft mit darin getunkten Wattebäuschen abgetupft. Die Haut wird durch diese Behandlung wieder geschmeidiger und Haare können nachwachsen.

Auch ein gebrauchter, kalt gewordener Teebeutel, sanft auf die Augen gedrückt, hilft gut.

Wenn Ihr Hund an einem sehr windigen, trockenen Tag draußen war, können Staub und Schmutz in die Augen gelangt sein. Wenn Sie sich ganz sicher sind, dass nichts anderes die Ursache für die entzündeten, roten Augen ist, können Sie Ihre eigene Augenlotion herstellen. Pressen Sie den Saft einer kleinen, frischen Schlangengurke aus und tropfen Sie ihn wie Augentropfen dreimal täglich in jedes Auge, bis die Rötung verschwindet. Sie benötigen für jede Anwendung eine frische Gurke.

Staub und Blütenpollen können ebenfalls leichte Augenreizungen verursachen. Für solche Fälle habe ich immer eine Flasche reines Rosenwasser (Rosenhydrolat) im Schrank stehen.

Wässrige Augen

Manche Hunde sind anfällig für wässrige Augen. Wenn dies ein Problem darstellt, können Sie täglich reines Lebertranöl als Augentropfen verwenden. Es beseitigt zwar nicht die Ursache, lindert aber die Symptome.

Auto: Scharfe Kanten an der Tür

Viele von uns transportieren ihre Hunde auf dem Rücksitz des Autos, was nicht ganz ungefährlich sein kann. Als eine meiner Freundinnen kürzlich ihren Hund aus dem Auto lassen wollte, zerschnitt er sich die Pfote an einer scharfen Metallleiste im Autoinneren. Überprüfen Sie den Innenraum Ihres Autos gründlich! Sollten Sie dort (oder bei Kombis im Kofferraum) irgendwelche scharfen Kanten finden, können Sie einfach ein Stück Gartenschlauch in der passenden Länge abschneiden, aufschlitzen und über die Kante schieben. So sind sowohl der Hund als auch Ihre Hände geschützt.

Auto fahren: Übelkeit

Zur Bekämpfung von Übelkeit beim Autofahren gibt es mehrere Möglichkeiten. Sie können zum Beispiel eine kurze Metallkette unten am hinteren Stoßdämpfer befestigen, sodass sie die Straße berührt. Das Geräusch der über den Asphalt schleifenden Kette scheint Übelkeit entgegenzuwirken.

Sie können Ihren Hund auch auf Zeitungspapier setzen. Manchmal hilft es – wenn nicht, hält es zumindest die Folgen in erträglichen Grenzen! Bei den meisten Junghunden wächst sich das Übelkeitsproblem mit dem Älterwerden von selbst aus. Falls nicht, hier ein paar Rezepte, die Sie ausprobieren können:

Nehmen Sie ein etwa 1 cm langes Stück frischen Ingwer, schälen Sie es und raspeln Sie es in eine Teetasse. Überbrühen Sie es mit heißem Wasser, decken Sie die Tasse ab und lassen alles fünf Minuten lang ziehen. Sieben Sie den Aufguss durch und geben Sie Ihrem Hund eine viertel Tasse dieser Mischung eine Stunde vor Beginn der Autofahrt.

Dieses Rezept hilft auch Menschen sehr gut gegen Reisekrankheit oder gegen morgendliche Übelkeit; die richtige Dosis für einen Erwachsenen ist dann eine ganze Teetasse voll.

Wenn Ihr Hund den Ingweraufguss nicht trinken mag, versuchen Sie es mit einem kleinen, aus Maismehl und Wasser geformten Bällchen und geben Sie es eine halbe Stunde vor Abfahrt. Es ist sehr schmackhaft und saugt überflüssigen Speichel auf. Legen Sie zusätzlich einen Strauß frischer Petersilie in die Hundetransportbox oder in den Kombi-Kofferraum. Sein Duft kann ebenfalls hilfreich wirken.

Geben Sie dem Hund kurz vor der Abfahrt ein Stückchen Zucker mit einem Tropfen Nelkenöl darauf oder ein kleines Stück kristallisierten Ingwer.

Sie können es auch mit einem Teelöffel voll Kamillen- oder Pfefferminztee versuchen. Oder ein Eiweiß mit einem Teelöffel Glukosepuder verschlagen und zwei Teelöffel kaltes, abgekochtes Wasser beigeben. Wenn der Hund sehr gestresst ist, können Sie einen halben Teelöffel Brandy hinzugeben. Eine Stunde vor Abfahrt (nicht früher) verabreichen.

Zerquetschen Sie leicht ein frisches Blatt Engelwurz und legen Sie es so ins Autoinnere, dass es von der zirkulierenden Luft gestreift wird.

❧ ❧ ❧ ❧ ❧ ❧ ❧ ❧ ❧ ❧ ❧ ❧ ❧ ❧ ❧ ❧ ❧ ❧ ❧

B

Baden

Besonders nach Winterspaziergängen sind Hunde oft so schmutzig, dass sie gebadet werden müssen. Hier sind ein paar Tipps, wie Sie die Prozedur angenehmer gestalten können.

Ein Tonikum für ein sehr trockenes, schuppiges Fell: Weichen Sie ein paar Zweige frischen Rosmarin etwa eine halbe Stunde lang in einer Packung reinem Apfelsaft ein und benutzen Sie dies als erste Spülung nach dem Baden, etwa zehn Minuten einwirken lassen, dann mit klarem Wasser ausspülen.

Wenn Ihr Hund graue Haare hat, die Sie gerne reduzieren möchten, schneiden Sie ein paar frische Salbeiblätter in einen halben Liter warmes Wasser und lassen sie einige Minuten lang ziehen. Benutzen Sie diese Mischung wie eine Haarspülung. Bei regelmäßiger Anwendung gehen die grauen Haare zurück.

Wenn das Fell Ihres Hundes sich nach dem Baden leicht statisch auflädt, fügen Sie dem von Ihnen verwendeten Shampoo einfach einen Teelöffel Natronpulver hinzu und das Problem ist gelöst.

Die einfachste Methode, beim Baden des Hundes selbst trocken zu bleiben, besteht darin, drei Löcher für Kopf und Arme in einen großen Müllsack zu machen und diesen überzuziehen. Schluss mit den durchnässten Kleidern! Legen Sie beim Baden Ihres Hundes einen Teefilter über den Abfluss. Er fängt alle Haare auf und verhindert einen verstopften Abfluss.

Baden: Seifenfreie »Seife«

Wenn Sie den Kopf Ihres Hundes waschen müssen und weder Seife noch Shampoo verwenden möchten, können Sie Ihren eigenen, garantiert tränenfreien Ersatz herstellen, der genauso gut säubert.

Nehmen Sie sehr feines Hafermehl (oder Instant-Haferflocken), knoten Sie es in ein Stück Baumwollstoff (ein Taschentuch eignet sich gut), tunken Sie es in Wasser, drücken Sie es aus und verwenden das Ganze dann wie einen normalen Waschlappen. Diese »Seife« lässt sich auch sehr gut auf trockener Haut verwenden.

Bellen

Um Ihrem Hund das Bellen abzugewöhnen, wenn jemand an Ihre Haustüre kommt, nehmen Sie eine leere Getränkedose, füllen ein paar Münzen hinein und verschließen Sie die Öffnung mit Klebeband. Wenn jemand an Ihre Tür klopft, müssen Sie nur kräftig diese Dose schütteln und laut »Nein!« sagen. Ihr Hund wird schon nach wenigen Versuchen verstehen, was gemeint ist! Belohnen Sie gelegentlich richtiges (ruhiges) Verhalten Ihres Hundes nach dem Doseschütteln mit einem kleinen Leckerbissen.

Blähungen

Blähungen entstehen beim Hund meist durch zu hastiges Fressen – es bilden sich Gase, die den Magen anschwellen lassen. Blähungen sind schmerzhaft und können durchaus gefährlich werden. Erziehen Sie Ihren Hund zum langsameren Fressen, indem Sie ihm öfter kleine Futterportionen geben. Bei Neigung zu Blähungen hilft eine kleine Portion Naturjoghurt nach jeder Mahlzeit, die übermäßige Entwicklung schädlicher Gase zu hemmen.

Brennnesselstiche

Betupfen Sie die Stiche mit einem in kaltem schwarzen Tee getunkten Wattebausch.

Ein Hand voll frischer Petersilie oder Sauerampferblätter, über die Haut gerieben, bis Saft austritt, stillt den Juckreiz sofort.

D

Decken, feuchte

Hundedecken werden leicht feucht und beginnen dann zu riechen – zum Beispiel nach Regenspaziergängen oder dem Schwimmen. Feuchte Unterlagen sind aber eine ideale Brutstätte für Keime aller Art!

Fügen Sie deshalb beim Waschen dem normalen Waschpulver eine viertel Tasse Essig hinzu. Er verhindert die Bildung von Pilzen und wirkt keimtötend.

Gerüche in Hundedecken können Sie zuverlässig beseitigen, indem Sie reichlich Natronpulver darauf streuen, es über Nacht einwirken lassen und die Decke am nächsten Tag waschen. Nach dem Waschen ist aller Geruch verschwunden.

Diabetes Mellitus (Blutzuckererkrankung)

Diabetes ist eine Störung der Bauchspeicheldrüse, die zu wenig Insulin ausschüttet und deshalb den Zuckergehalt im Blut zu hoch werden lässt. Die Symptome sind starker Harnabsatz und viel Durst. Wenn Sie den Verdacht auf Diabetes haben, müssen Sie unbedingt den Tierarzt verständigen. Mit folgender Maßnahme können Sie unterstützend eingreifen: Verfüttern Sie Ihrem Hund ganze Löwenzahnpflanzen, um ihm beim Speichern des Insulins zu helfen.

Dunkelheit, Sicherheit bei

Reflektierende Streifen

Im Zoofachhandel gibt es reflektierende Halsbänder und Leinen, damit man bei Spaziergängen in der Dunkelheit von den Autofahrern besser gesehen wird. Man muss aber nicht viel Geld für dieses Zubehör ausgeben:

In Läden mit Auto- oder Fahrradzubehör gibt es selbstklebende Reflektorbänder meist als Meterware. Wenn Sie ein Stück davon auf Halsband oder Leine Ihres Hundes kleben, funktioniert dies genauso gut. Sie können sogar etwas davon um das Halsband Ihrer Katze wickeln oder auf den Rücken Ihrer eigenen Jacke kleben.

Dünne Hunde

Wenn Ihr Hund zu dünn ist, schlecht ansetzt und der Tierarzt Ihnen bestätigt hat, dass dieses Untergewicht keinerlei medizinische Ursachen hat, hilft folgendes Rezept mit Sicherheit, damit er wieder Fleisch auf die Rippen bekommt:

Weichen Sie Instant-Haferflocken mindestens 12 Stunden lang (oder über Nacht) in Milch ein, gießen Sie am Morgen noch etwas Milch nach, geben Sie eine Prise Salz hinzu und geben Sie dieses Futter einmal täglich zusätzlich zum normalen Fressen, bis Ihr Hund wieder das gewohnte Gewicht hat.

Um gesund zu bleiben, benötigen Hunde ungesättigte Fettsäuren in ihrem Futter. Die einfachste und billigste Methode, um das zu gewährleisten, ist ein Teelöffel gewöhnliches Speiseöl über das Futter.

Vorsicht an Weihnachten: Geben Sie Acht, dass es beim normalen Speiseplan des Hundes bleibt und er sich nicht überfrisst, da ein plötzlicher Futterwechsel oder zu viele gehaltvolle Leckerchen zu erheblichen Verdauungsstörungen führen können. An Weihnachten gibt es auch immer viel Schokolade – Vorsicht! Unter keinen Umständen darf Ihr Hund pure, dunkle Blockschokolade fressen, weil sie Theobromin enthält, das den Hundemagen reizt und das Hundeherz rasen lässt. Der Hund kann von dunkler Schokolade sehr krank werden! Helle Milchschokolade enthält dagegen kaum Theobromin.

❧ ❧ ❧ ❧ ❧ ❧ ❧ ❧ ❧ ❧ ❧ ❧ ❧ ❧ ❧ ❧ ❧ ❧ ❧ ❧

Folgende gesunde Futterzusätze sind ein Ausprobieren wert: Junge Brennnesseln sind im Garten nur unerwünschtes Unkraut, aber sie sind reich an Eisen und Vitaminen und eignen sich deshalb hervorragend als Vitaminfutter für Hunde, das wirklich überhaupt nichts kostet. Pflücken Sie vorsichtig (am besten mit Handschuhen) die jungen frischen Triebe der Brennnesseln, blanchieren sie kurz in kochendem Wasser und geben sie über das Hundefutter. Alternativ können Sie Brennnesseln auch trocknen, fein zerkrümeln und in einem Einmachglas aufbewahren. Geben Sie zu jeder Mahlzeit eine Prise davon.

Junge Löwenzahnblätter werden genau wie Brennnesseln verarbeitet und sind ebenso gut.

Alle grünen Gemüse sind reich an Folsäure, die besonders wichtig für tragende Hündinnen (und natürlich schwangere Frauen!) ist.

Ungarischer roter Paprika (nicht Chilipfeffer!), sparsam über das Futter eines alten Hundes gestreut, ist ein gutes Vitaminpulver. Überraschenderweise mögen Hunde es sogar!

Durchfall

Wenn Ihr Hund unter Durchfall leidet, geben Sie ihm 24 Stunden lang nichts zu fressen, sondern nur Mineralwasser (ohne Kohlensäure) zu trinken und dreimal täglich einen Teelöffel voll Naturjoghurt mit lebenden Kulturen. Dies unterstützt die Wiederherstellung der normalen Bakterienflora im Darm. Wenn der Durchfall länger als 48 Stunden anhält oder schlimmer wird, verständigen Sie den Tierarzt.

Kochen und pürieren Sie ein paar Esskastanien und geben Sie zur Unterstützung der Heilung täglich einen gehäuften Teelöffel davon über das Hundefutter. Auch ein Teelöffel Zitronensaft im Hundefutter hilft.

Bei leichtem Durchfall wirkt Apfelessig ganz hervorragend. Wenn Sie sicher sind, dass der Durchfall durch einen Futterwechsel oder ungewohntes Wasser verursacht wurde und nicht vom Tierarzt behandelt werden muss, geben Sie einen Teelöffel Apfelessig auf einen halben Liter Trinkwasser Ihres Hundes. In der Regel löst sich das Problem dann über Nacht.

Ekzeme

Wenn Ihr Hund unter Ekzemen oder Juckreiz leidet, stellt ein Bad mit Haferzusatz eine wirksame Behandlungsmöglichkeit dar. Nehmen Sie einen alten Nylonstrumpf, füllen Sie etwa ein Pfund Haferflocken hinein und verknoten Sie den Strumpf fest.

Weichen Sie den gefüllten Strumpf gut in einem Eimer mit lauwarmem Wasser ein und waschen Sie Ihren Hund gründlich mit dieser Lösung ab. Das Fell muss wirklich bis auf die Haut nass werden! Lassen Sie den Hund anschließend an der Luft von alleine trocknen.

Sie können es auch mit gleichen Anteilen von Petersilie und Brunnenkresse versuchen, die sie einmal am Tag über das Futter geben oder Magnesiumtabletten, die sie je zwei morgens und abends drei Tage lang geben.

Auch medizinischer Alkohol ist sehr hilfreich. Hunde leiden öfter an roten Flecken zwischen den Pfotenballen oder Zehen: Das tägliche Übersprühen dieser Stellen mit medizinischem Alkohol lässt sie in der Regel schnell verschwinden.

Eine aus Speisestärke und Essig angerührte Paste kann bei juckenden Schwellungen Linderung verschaffen. Tragen Sie sie dick auf die betroffenen Stellen auf, die Reizung wird schnell verschwinden.

Reiben Sie Blüte oder Blatt einer Malve regelmäßig über die betroffene Stelle, bis Sie eine Besserung feststellen.

Ekzeme können auch mit folgender Mischung unter Kontrolle gebracht werden:

Hacken Sie ein Sträußchen Vogelmiere sehr fein. Erwärmen Sie zwei Teelöffel Speiseöl, rühren die Vogelmiere nach dem Abkühlen hinein und füllen die Mischung in ein Glas mit Deckel. Mit einem Wattebausch aufgetragen, hilft dieses Öl bei allen entzündeten und wunden Stellen. (Siehe auch: Haut)

F

Faltbarer Wassernapf

Im Zoofachhandel kann man teure faltbare Wassernäpfe für unterwegs kaufen; billiger und genauso gut ist eine Schwimmhaube aus Gummi, die man bei jedem Sommerspaziergang in der Tasche mitnehmen und als Trinknapf für den Hund verwenden kann.

Fell kauen und Pfoten lecken

Manche Hunde entwickeln die unangenehme Angewohnheit, an ihrem eigenen Fell zu kauen, und zwar meist im Bereich der Pfoten.

Vergewissern Sie sich zuerst, dass es sich dabei wirklich nur um eine dumme Angewohnheit handelt und kein anderer Grund wie eine Infektion oder ein Fremdkörper in der Pfote dahinter steht. Auch leichte Allergien können zum Benagen und Belecken der Pfoten führen: Manche synthetischen Teppichböden aus Schlingenware können Hundepfoten geradezu verbrennen. Wenn Sie sich ganz sicher sind, dass das Kauen keine medizinische Ursache hat, versuchen Sie Folgendes:

Geben Sie einen Esslöffel Natron auf einen halben Liter kochendes Wasser und lassen Sie es einige Minuten lang abkühlen. Baden Sie die Hundepfoten etwa eine Minute lang in dieser Lauge und lassen Sie sie anschließend von selbst trocknen.

Ein anderes Heilmittel besteht darin, die Pfoten mit etwas Spülmittel zu benetzen und großzügig Cayenne-Pfeffer darüber zu streuen. Ihrem Hund wird beim Geschmack dieser Mischung das Kauen schnell vergehen.

Viele Besitzer von West Highland White Terriern, Bichons oder hellen Pudeln kennen das Problem, dass sich die Haare um die Pfoten durch ständiges Belecken rosa verfärben. Das ist zwar völlig

❧ ❧ ❧ ❧ ❧ ❧ ❧ ❧ ❧ ❧ ❧ ❧ ❧ ❧ ❧ ❧ ❧ ❧

harmlos, aber unansehnlich. Versuchen Sie es mit einem Teelöffel Natron im Trinkwasser des Hundes. Es neutralisiert die Säure im Speichel des Hundes, die der Grund für die Rosaverfärbung ist.

Fellpflege

Verbranntes Fell

Wenn Ihr Hund zu nahe am Feuer gelegen hat, versengt er leicht Teile seines Fells. Die verbrannten Haare riechen fürchterlich – nur die Hunde scheinen es nie zu merken!

Nehmen Sie einfach etwas Mayonnaise aus dem Kühlschrank, reiben sie auf die versengten Stellen, lassen sie zehn Minuten einwirken und spülen sie anschließend mit lauwarmem Wasser aus. Wenn das Wasser zu heiß ist, bekommen Sie eine fürchterliche Schweinerei!

Wenn auch die Haut des Hundes leicht verbrannt ist, schneiden Sie das Haar darum herum weg und machen Sie eine Kompresse mit starkem, lauwarmem Tee. Die in schwarzem Tee enthaltene Gerbsäure fördert die Heilung.

Fellconditioner

Einige Hunde scheinen trotz aller unserer Bemühungen nie ein glänzendes Fell zu bekommen. In diesem Fall können wir verschiedene billige, rein natürliche Mittel benutzen, ohne ein Vermögen für Fellglanzprodukte ausgeben zu müssen.

Ein gesunder Futterzusatz ist zum Beispiel das Kochwasser von Gemüse – es fügt dem Trockenfutter Geschmack und Vitamine hinzu. Lassen Sie das Wasser abkühlen, bevor Sie es über das Futter geben.

Ein guter Fellconditioner ist auch der Zusatz von täglich einem rohen Ei oder zwei Teelöffeln Schmalz zum üblichen Futter (bei einem Hund von Retrievergröße). Bei kleineren Hunden reicht ein Teelöffel. Diese Futterzusätze helfen bei der Bildung eines glänzenden Fells, Pflanzenöle haben den gleichen Effekt. Auch wenn Sie das nächste Mal eine Thunfischdose öffnen, können Sie das Öl über das Futter Ihres Hundes gießen – es schmeckt ihm und ist gesund.

Einen ganz besonders guten Fellconditioner können Sie herstellen, indem Sie eine ältere Banane mit einer leicht angefaulten Avocado vermischen und das Ganze ins Fell reiben. Lassen Sie den Brei zehn Minuten einwirken und spülen ihn dann aus. Das Gleiche können Sie auch mit Mayonnaise machen! Mayonnaise ist ein ganz vorzügliches Fellglanzmittel, das ich schon häufig bei meinen Ausstellungshunden angewendet habe.

Vor dem letzten Ausspülen können Sie Reste von stehen gelassenem Bier oder verdünnten Essig über Ihren Hund gießen, um das Fell zum Glänzen zu bringen.

Schmutziges Fell

Hunde können sich fürchterlich schmutzig machen, aber wir möchten sie ja nicht jedes Mal baden, wenn wir von einem Spaziergang nach Hause kommen.

Eine praktische und harmlose Methode, um das Fell zwischen zwei Bädern sauber zu bekommen, ist, etwas Natron ins Fell zu reiben und anschließend auszubürsten. Es wirkt wie ein Deodorant und Trockenreinigungsmittel.

Trockenes Fell

Die meisten Hunde liegen gerne vor dem Kaminfeuer oder der Heizung. Das kann, besonders bei nasskaltem Wetter, ihr Fell austrocknen und stumpf machen. Behandeln Sie das Haarkleid mit dem auf Seite 44 beschriebenen Hauttonikum.

Eine gute Fellspülung lässt sich auch aus einem halben Esslöffel Trockenmilchpulver, verrührt mit einem halben Liter warmem Wasser, herstellen.

Öl oder Teer im Fell

Hunde können bei den verschiedensten Gelegenheiten Öl ins Fell bekommen: bei Strandspaziergängen, durch Ölflecken in der Garage etc. Ätherisches Eukalyptusöl (erhältlich in Apotheken oder Drogerien) eignet sich bestens, um Öl mit Hilfe eines Wattebausches zu entfernen. Noch einfacher ist Butter oder Margarine.

Flatulenz

Ein weit verbreitetes Problem. Versuchen Sie Ihren Hund zu langsamerem Fressen zu überreden, indem Sie einen großen Kieselstein (so groß, dass er auf keinen Fall verschluckt werden kann) in den Futternapf legen.

Darum herum muss der Hund zwangsweise langsamer fressen und kann nicht so viel Luft mitschlucken, die später Flatulenz verursacht.

Es hilft auch, den Futternapf vom Boden erhöht anzubringen, weil der Hund weniger Luft schluckt, wenn er in Kopfhöhe frisst anstatt vom Boden.

Einen Versuch wert ist auch folgendes Rezept: Besorgen Sie sich Joghurt aus Ziegenmilch mit lebenden Kulturen (aus dem Reform- oder Naturkostladen) und geben Sie einen Teelöffel davon täglich über das Hundefutter. Die Wirkung ist meist deutlich.

Bei Koliken und Blähungen hilft oft auch ein Teelöffel voll reiner Orangensaft, gegeben nach Bedarf.

Frischer geraspelter Rettich, über das Futter gestreut, hilft ebenfalls gegen unerwünschte Winde.

❧ ❧ ❧ ❧ ❧ ❧ ❧ ❧ ❧ ❧ ❧ ❧ ❧ ❧ ❧ ❧ ❧ ❧ ❧

Flecken in Polstermöbeln

Hundeflecken auf Polstermöbeln sind unansehnlich und schwer zu entfernen. Ich wende folgende Methode mit großem Erfolg an: Zuerst mit kohlensäurehaltigem Mineralwasser vorreinigen und trocknen lassen.

Anschließend mit Rasierschaum einsprühen, trocknen lassen und ausbürsten.

Fleisch

Frisch halten

Wenn Sie nur eine halbe Dose Hundefutter verfüttern oder selbst gekochtes Futter nicht aufbrauchen, streuen Sie etwas Kaffee auf das Futter – es hält sich so länger frisch.

Weich bekommen

Gekochtes Fleisch ist für Hunde besser als rohes, weil beim Kochen Bakterien und eventuelle Wurmeier abgetötet werden. Es sollte aber immer zusammen mit etwas Rohfaser gegeben werden wie z. B. gekochtem Reis, Nudeln oder Futterflocken. Fleisch, das Sie beim Metzger extra zum Kochen für Ihren Hund erstanden haben, ist meist von den zähesten Stücken abgeschnitten. Um es weicher zu bekommen, können Sie eine Prise Natron zum Kochwasser geben und das Fleisch sanft köcheln lassen.

Fliegen

Wenn man Tiere im Haus hat, ist die Verwendung käuflich erhältlicher Fliegensprays nicht zu empfehlen, weil die getöteten Fliegen von Hund oder Katze gefressen werden könnten und möglicherweise Schäden verursachen. Folgendes lässt sich gefahrlos in Haus oder Zwinger anwenden: Binden Sie ein Weinglas mit unten abgebrochenem Fuß an einen leichten Besenstiel, der so lang sein muss, dass Sie damit bis unter die Decke reichen. Füllen Sie das Glas zur Hälfte mit Methylalkohol und halten Sie es unter die nach Sonnenuntergang oder früh morgens an der Decke sitzenden Fliegen. Die aufsteigenden Dämpfe lassen die Fliegen in den Alkohol fallen und töten sie umgehend. Der Alkohol kann später in eine Flasche gegossen und nochmals verwendet werden. Mit dieser Methode kann man einen Raum innerhalb von zwei Minuten von Fliegen befreien.

Ein anderer Tipp ist, etwas Eukalyptusöl auf einen größeren Lappen zu tropfen, die Tür weit zu öffnen und mit dem Lappen kräftig in Richtung Türe zu wedeln. Die Fliegen werden schnell verschwinden.

Damit die Fliegen gar nicht erst ins Zimmer kommen, hängen Sie einen großen Strauß frischer Brennnesseln ins Fenster. Auch ein Bund Walnussblätter, im Raum aufgehängt, vertreibt Fliegen.

Zedernholzöl (aus dem Drogeriemarkt oder der Apotheke), auf im Raum verteilte Wattebäusche getropft, verscheucht ebenfalls die Fliegen.

Hängen Sie ein paar frische Holunderzweige im Sommer in Ihren Räumen auf, um Fliegen zu vertreiben.

Tränken Sie kleine Schwammstückchen in warmem Wasser und tropfen Sie dann ein paar Tropfen Lavendelöl darauf. Sie können sie unsichtbar im Raum verstecken, z. B. hinter Bildern. Der durchaus nicht unangenehme Geruch hält Fliegen fern.

Fliegenspray

Wenn Sie und Ihr Hund beim Aufenthalt im Freien von Insekten belästigt werden, versuchen Sie diese beiden Sprays, abgefüllt in getrennte Flaschen:

1) 15 Tropfen ätherisches Thymianöl in 600 ml Wasser;
2) 15 Tropfen ätherisches Lavendelöl in 600 ml Wasser.

Spray Nr. 1 hilft auch gegen Ameisen – sprühen Sie es auf die Türschwelle, damit Ameisen gar nicht erst ins Haus kommen.

Flöhe und Läuse

Wenn Sie kleine schwarze Punkte auf dem Fell Ihres Hundes sehen, sind Flöhe die Verursacher. Die Punkte sind das getrocknete, aus den Flohbissen stammende Blut. Ihr Hund kratzt sich auch oft, das muss aber nicht unbedingt der Fall sein. Manche Hunde werden geradezu wahnsinnig wegen der Flöhe; während andere sie kaum zu bemerken scheinen.

Flohspray

Eine sehr effektive Methode um Ihren Hund von Flöhen zu befreien ist, ihn nach dem Baden mit einer Essigspülung abzuwaschen (1 Teil Essig auf 2 Teile Wasser). Die Flöhe werden getötet und kein unangenehmer Geruch bleibt im Fell haften.

Zur alltäglichen Vorbeugung gegen Flohbefall können Sie die gleiche Mischung (1 Teil Apfelessig, 2 Teile Wasser) in eine kleine Handsprühflasche füllen, wie man sie in Gartencentern zum Besprühen von Pflanzen findet. Besprühen Sie das Fell Ihres Hundes damit täglich. Apfelessig ist das billigste, ungiftigste und beste Insektizid, das Sie kaufen können.

Vorbeugend wirkt auch ein Zitronen-Spray, hergestellt aus zwei in Vierteln geschnittenen und mit einem halben Liter kochenden Wasser überbrühten Zitronen.

Gegen Flöhe wirksame ätherische Öle sind Zedernholz, Teebaumöl, Zitronelle, Lavendel oder Eukalyptus. Denken Sie aber stets daran, dass diese Öle (mit Ausnahme von Lavendel) nie unverdünnt

𐟐 𐟐 𐟐 𐟐 𐟐 𐟐 𐟐 𐟐 𐟐 𐟐 𐟐 𐟐 𐟐 𐟐 𐟐 𐟐 𐟐

28

auf die Hundehaut geraten dürfen: Verdünnen Sie einen Tropfen ätherisches Öl mit einem Esslöffel Oliven- oder Mandelöl, vermischen Sie alles gut und füllen es in eine kleine Sprühflasche.

Kieselgur

Ein sehr effektives und vollkommen natürliches, unschädliches Mittel zur Parasitenbekämpfung ist Kieselgur – ein weißes Mineralienpulver, das man als Mittel zur Nahrungsergänzung in Drogerien und Reformhäusern kaufen kann. Es trocknet die Flöhe auf ganz natürliche Weise aus. Einfach ins Fell reiben, einige Minuten lang einwirken lassen und dann ausbürsten.

Eine ganz natürliche Möglichkeit, um das Lager Ihres Hundes von Flöhen frei zu halten, ist Pfefferminz. Füllen Sie kleine Stoffsäckchen nach dem Muster der altmodischen Lavendelsäckchen mit getrockneten Pfefferminzblättern und legen Sie diese unter die Hundedecke. Sie schrecken Flöhe ab.

Wenn Sie für Ihre Katze oder Ihren Hund Flohhalsbänder verwenden, haben Sie immer ein Stückchen übrig, wenn Sie die Bänder auf die richtige Länge schneiden. Werfen Sie diese Enden nicht fort, sondern stecken Sie sie in den Beutel Ihres Staubsaugers – so werden alle eingesaugten Insekten getötet.

Die tägliche Verfütterung von Knoblauch schützt Ihren Hund vor Würmern und Flöhen. Sie können Knoblauchkapseln oder -dragees im Drogeriemarkt kaufen oder Ihre eigenen Präparate zubereiten:

Vermischen Sie etwa 30 g frischen, zerdrückten Knoblauch mit 20 ml kochendem Wasser und füllen Sie die Mischung nach dem Abkühlen in ein luftdicht verschlossenes Einmachglas. Geben Sie 2 Tropfen davon täglich über das Hundefutter. Die so zubereitete Mischung hält sich etwa 2 Monate lang, Sie können sie aber auch in Eiswürfel einfrieren und dann nach Bedarf auftauen. Die gleiche Mischung kann auch als sehr effektives Flohspray verwendet werden.

❦ ❦ ❦ ❦ ❦ ❦ ❦ ❦ ❦ ❦ ❦ ❦ ❦ ❦ ❦ ❦ ❦ ❦

Auch Bierhefepulver, gut in das Hundefell einmassiert und darin gelassen, hilft gegen Flöhe.

Außerdem hilft es, das Hundefell mit ätherischem Lavendelöl einzureiben. Behandeln Sie Ihren Hund auch innerlich, indem Sie täglich frischen Knoblauch zum Futter geben. Eine halbe Zehe reicht aus; Effekte sind nach etwa drei Monaten zu sehen.

Ein selbst gemachtes Flohhalsband

Tränken Sie ein großes Taschentuch über Nacht in folgender Mischung: ein Tropfen Lavendelöl, je ein Tropfen Zedernholz-, Thymian- und Fenchelöl, ein halber Teelöffel Alkohol (Wodka eignet sich sehr gut), ein Tropfen Knoblauchöl und der Inhalt von vier Knoblauchkapseln. Lassen Sie das Taschentuch trocknen und knoten Sie es so um den Hundehals, dass es nicht verloren geht und sich nicht zuziehen kann. Dieses natürliche Halstuch vertreibt etwa zwei Monate lang alle Flöhe. Dann müssen Sie es nicht wegwerfen, sondern können es einfach wieder neu tränken. Wenn Sie die Zutaten nicht mögen, können Sie das Tuch auch einfach in Lavendelöl tauchen, was genauso wirksam ist.

Andere gute Flohmittel sind Zitrusöl, das Sie selbt aus Orangenschalen pressen können, oder ätherisches Rosmarinöl, jeweils ins Hundefell gerieben.

Sie können auch ein Halsband aus starkem Stoff nähen, das sie mit getrocknetem Rainfarn und getrockneter Katzenminze füllen.

Um die Nissen (die Eier der Läuse) abzutöten, waschen Sie Ihren Hund alle zwei Wochen in einer 5 %igen Lösung von weißem Essig und Wasser.

Flohfallen

Stellen Sie eine Nachttischlampe mit schwacher Glühbirne auf den Fußboden oder in die Zimmerecke, die Sie behandeln wollen. Stellen Sie in den Lichtkreis der Lampe einen großen flachen, etwa 10 cm hohen Behälter und füllen Sie ihn bis etwa 2 cm unter den Rand mit Wasser.

Da Flöhe von der Wärme der Glühbirne angezogen werden, werden sie sich brav selbst ertränken, während Sie seelenruhig schlafen! Diese Flohfalle funktioniert genauso gut wie chemisches Flohspray und kostet Sie so gut wie gar nichts.

Wenn Sie in Ihrem Heim immer noch von Flöhen belästigt werden (das Problem scheint heute immer öfter rund ums Jahr aufzutreten), kaufen Sie einen der altmodischen Papier-Fliegenfänger, schneiden Sie ihn in Streifen und legen Sie diese in die Zimmerecken. Sie wirken sehr gut als Flohfalle und sind völlig unschädlich.

Auch Kräuter helfen im Haus gegen Flöhe. Poleiminze (Mentha pulegium), Rainfarn und Flohkraut eignen sich gut, um sie im Haus auszustreuen. Sie können die Kräuter frisch oder getrocknet in Zimmerecken oder zwischen die Hundedecken streuen. Lassen Sie sie ein paar Stunden liegen und saugen sie dann auf. Zwischen den Hundedecken können die Kräuter bis zu einem Monat liegen bleiben, danach lässt die Wirkung nach.

Sie können auch Ihren eigenen Raumvernebler konstruieren, um Flöhe zu töten. Schneiden Sie etwas Zitronengras in einen kleinen, feuerfesten Behälter, schließen Sie alle Fenster und Türen im Raum und zünden Sie das Zitronengras an. Warten Sie, bis das Feuer von selbst erlischt, lüften und saugen Sie dann den Raum. Wiederholen Sie die Prozedur so oft wie nötig.

Flöhe im Teppich

Um Flöhe und Insekten aus Ihrem Teppich zu vertreiben, reicht es, denselben mit gewöhnlichem Haushaltssalz zu bestreuen. Warten Sie etwa zehn Minuten und saugen dann alles auf.

Die Salzmethode ist wesentlich unschädlicher als chemische Insektenpuder.

Flohshampoo

Sie können ein wirksames Flohshampoo aus einem milden Haarshampoo herstellen, das Sie mit ein paar Tropfen Eukalyptusöl oder Poleiminzeöl vermischen.

Die Öle erhalten Sie in Drogeriemärkten oder in der Apotheke. Sie reichen mindestens für ein Jahr.

Frieren

Wenn Ihr Hund zittert und seine Ohren sich kalt anfühlen, friert er. Wenn Ihr Hund in einem Außenzwinger lebt oder Sie beide gerade von einem Spaziergang in der Kälte zurückgekommen sind, mischen Sie ihm ein Getränk aus Kondensmilch, warmem Wasser und einem Löffel Honig. Es vertreibt das Kältegefühl.

Man kann frierenden Hunden auch mit einem selbst gemachten Gesundheitsdrink aus Perlgraupen helfen. Er ist gut für die Haut, hilft bei der Blutreinigung und ist besonders gut bei Erkrankungen von Nieren und Blase:

Bringen Sie einen halben Liter Wasser zum Kochen und fügen Sie einen Esslöffel Perlgraupen hinzu, lassen Sie alles 20 Minuten köcheln und dann abkühlen. Durchsieben und einen Teelöffel Honig hinzufügen.

Ein Tropfen Eukalyptusöl unter dem Unterkiefer erleichtert dem Hund das Atmen. Die ein- oder zweimalige Anwendung pro Tag genügt.

Fruchtbarkeit bei Hunden

Um die Fruchtbarkeit von Hündinnen und Rüden zu steigern, füttern Sie einen Teelöffel voll Leinsamenöl (erhältlich im Reitsportbedarf als Futterzusatz) täglich zusammen mit dem Futter.

Beginnen Sie damit mindestens einen Monat vor dem geplanten Decktermin.

Furunkel und Zysten

Ein guter natürlicher Umschlag bei Furunkeln besteht aus erwärmter Milch mit Brotkrümeln. Legen Sie einen darin getränkten Umschlag zweimal täglich für fünf Minuten auf die betroffene Stelle, bis das Geschwür aufbricht.

Wenn Hunde unter geschlossenen Geschwüren leiden, können konventionelle Kompressen oft nicht verwendet werden, weil die Hunde daran lecken und Unverträglichkeitsreaktionen zeigen können. Stattdessen können Sie auch aus jeder der folgenden Komponenten eine Kompresse herstellen, die auf alle Fälle unschädlich ist, sollte sie doch verschluckt werden: eine heiße Tomatenscheibe, eine Scheibe roher Zwiebel, zerstampfter Knoblauch, ein Kohlblatt oder ein gebrauchter Teebeutel.

Egal was Sie nehmen, denken Sie daran, die Kompresse alle paar Stunden zu wechseln.

Bei Geschwüren zwischen den Zehen der Pfoten hilft Teebaumöl – bei täglicher Anwendung tritt Heilung innerhalb einer Woche ein.

Futter und Fressen

Lagerung von Trockenfutter

Hundetrockenfutter und Hundekuchen können bei der Lagerung schnell weich werden, wenn sie nicht schnell genug aufgebraucht werden. Um dem entgegenzuwirken, können Sie den Behälter, in dem Sie das Futter aufbewahren, mit Löschpapier auskleiden. So bleibt der Inhalt viel länger frisch und knusprig. Sie können das Löschpapier nach Bedarf auswechseln.

Eine andere gute Methode zum Frischhalten von Trockenfutter ist, ein paar Zuckerwürfel in die Packung bzw. den Sack zu legen. Sie saugen unerwünschte Feuchtigkeit auf und das Futter bleibt trocken Angebrochenes Dosenfutter hält sich im Kühlschrank länger, wenn Sie ein paar Lorbeerblätter darauf legen.

Koprophagie (Kot fressen)

Kein sonderlich angenehmes Unterhaltungsthema! Geben Sie dem Futter Ihres Hundes täglich ein paar Scheiben Ananas oder drei Ananasstücke unter das Futter, alternativ geht auch ein Teelöffel voll naturreiner Ananassaft. Hunde scheinen aus irgendwelchen Gründen den Geruch verdauter Ananas in ihren Ausscheidungen zu hassen! Sie müssen die »Behandlung« mindestens 14 Tage lang fortsetzen, bis Sie eine Verbesserung erkennen.

Sie können auch täglich einen halben Teelöffel voll Apfelessig über das Futter geben. Die Ananas- und die Essig-Methode müssen Sie unabhängig voneinander, keinesfalls gleichzeitig probieren. Wenn beides fehlschlägt, versuchen Sie es mit der täglichen Gabe eines etwa kirschgroßen Stückchens Backhefe.

Etwas Muskatnuss über das Futter gestreut oder ein Stückchen Hering in jeder Mahlzeit haben ebenfalls schon häufig zum Erfolg geführt.

Auch Zucchini können verwendet werden. Schneiden Sie sie in kleine Stücke, braten sie in etwas Olivenöl und geben Sie täglich einen Teelöffel voll zum Futter.

Appetitmangel nach Krankheit

Versuchen Sie es mal mit der aus der indischen Küche entlehnten Kombination von Hühnchenfleisch und Joghurt – Hunde können dem kaum widerstehen!

Appetitverlust

Geben Sie dem Trinkwasser täglich 2 oder 3 Tropfen Majoranöl bei. Sie können auch das Doppelte der empfohlenen Tagesdosis an Bierhefe geben, und das zehn Tage lang (siehe auch: Dünne Hunde).

Futternäpfe

Reinigen

Einmal pro Woche reinige ich die Futternäpfe meiner Hunde und die Fleischhackbretter gründlicher, als sie nur abzuspülen. Vergessen Sie die teuren gekauften Reinigungs- und Desinfektionsmittel: Reiben Sie den Gegenstand einfach mit gewöhnlichem Natron ein und sprühen Sie anschließend Essigessenz darüber. Es wird nun zischen und Bläschen bilden, wenn die beiden Stoffe miteinander reagieren. Warten Sie fünf Minuten und spülen dann mit klarem Wasser nach.

Um hartnäckige Flecken und Beläge von den Näpfen zu entfernen, können Sie einen achtel Liter Essig zusammen mit einem Teelöffel Salz in den Napf gießen und 24 Stunden einwirken lassen. Dann gut mit klarem Wasser ausspülen.

Wenn Sie alte Glasschüsseln als Futter- oder Wassernapf verwenden, können Sie diese reinigen, indem Sie eine Paste aus Backpulver und Wasser anrühren, die Schüssel damit abreiben, nach fünf Minuten ausspülen und trocknen.

Ein gutes Reinigungsmittel für Futternäpfe sind auch Tabletten zur Gebissreinigung – einfach eine davon über Nacht mit Wasser in den Napf geben, und schon ist er am nächsten Tag wie neu.

Um den Hundefuttergeruch aus Futterschüsseln zu entfernen, geben Sie einen Löffel voll Senfpulver in das Spülwasser.

Fester Stand

Wenn Ihr Hund seinen Futternapf beim Fressen gerne durch die Gegend schiebt, kaufen Sie einen billigen Kunststoff-Seifenhalter mit Saugnäpfen auf beiden Seiten und bringen Sie ihn am Boden der Futterschüssel an.

Gelbsucht

Eine gelbliche Verfärbung der Schleim- und Bindehäute sollte immer Grund für einen Besuch beim Tierarzt sein, da eine ernste Leberschädigung dahinter stecken kann.

Unterstützend können Sie Löwenzahntee geben, der den Körper von Giftstoffen reinigt. Setzen Sie einfach jeder Futtermahlzeit ein paar Tropfen Tee zu.

Gerüche

In Teppichen

Wenn Ihr Hund oder Ihre Katze einmal eine Pfütze auf dem Teppich hinterlassen haben und Sie auch nach dem Saubermachen den untrüglichen Geruch im Raum nicht loswerden können, stellen Sie über Nacht eine Schüssel mit Essig in den Raum – am Morgen ist der Geruch verschwunden.

Wenn nach einem ähnlichen Unglück ein Fleck auf dem Teppich zurückgeblieben ist, lösen Sie zwei Teelöffel Salz in einer halben Tasse Essig auf.

Reiben Sie damit den Fleck ein und lassen ihn trocknen, staubsaugen Sie dann die Reste auf. Ihr Teppich riecht wieder gut und der Essig greift die Farben nicht an.

Verwenden Sie im Zusammenhang mit Hunden nie Reinigungs- oder Desinfektionsmittel mit dem Zusatz von Fichtennadeln – wenn der Fichtennadelduft sich mit Urin verbindet, wird der Geruch noch schlimmer.

Nehmen Sie stattdessen ein Produkt mit Chlor oder Essiglösung als Desinfektionsmittel.

Sie können auch selbst einen ökologisch unbedenklichen Lufterfrischer herstellen, der Ihren Hunden nicht schadet. Füllen Sie folgende Zutaten in eine Pflanzensprühflasche: 1 Teelöffel Natron, 1 Esslöffel Essig, 2 Tassen Wasser.

Wenn es aufgehört hat zu schäumen, schrauben Sie den Deckel auf und schütteln alles gut durch. Dieses Spray ist ein sehr wirksames Raumdeodorant, wenn Hunde im Haus sind. Sie können dem Rezept auch noch einen Teelöffel Zimt beifügen, wenn Sie den Geruch mögen.

Riechender Hund

Wenn Ihr Hund einen starken Eigengeruch hat und selbst frisch gebadet noch unverkennbar nach Hund riecht, geben Sie seinem nächsten Badewasser zwei Tassen Tomatensaft bei und spülen Sie anschließend gut nach. Der Tomatensaft beseitigt beinahe alle Gerüche.

Fuchsgeruch am Hund

Wenn Hunde bei Spaziergängen von der Leine gelassen werden und den Geruch von Fuchsurin im Gras finden, wälzen sie sich mit Begeisterung darin – und stinken anschließend selbst wie ein ganzer Fuchsbau! Die schnellste Methode, um diesen Geruch loszuwerden, ist Tomatenketchup – auf die betreffende Stelle gegeben, eine Minute einwirken gelassen und anschließend ausgespült. Der Geruch verschwindet umgehend und das Fell bekommt keine Flecken.

Alternativ können Sie auch ein Fläschchen Vanilleextrakt (zum Backen) in einen halben Liter Wasser geben. Gießen Sie das Gemisch über Ihren Hund und lassen es etwa zehn Minuten lang einwirken, bevor Sie ausspülen. Alle Gerüche werden nun verschwunden sein.

❧ ❧ ❧ ❧ ❧ ❧ ❧ ❧ ❧ ❧ ❧ ❧ ❧ ❧ ❧ ❧ ❧ ❧ ❧

Geruch an den Händen

Wenn Sie nach der Zubereitung von Hundefutter den Geruch nicht von Ihren Händen loswerden, reiben Sie Ihre Hände in etwas Senfpulver und spülen sie dann ab. Alle Gerüche sind garantiert verschwunden.

Geruch in der Mikrowelle

Wenn Sie Hundefutter wie Fisch oder Pansen in der Mikrowelle zubereitet haben, wollen Sie den Geruch natürlich so schnell wie möglich wieder loswerden. Mischen Sie dazu eine viertel Tasse Essig mit einer Tasse Wasser in einer kleinen Schüssel und erhitzen Sie die Mischung 5 Minuten lang in der Mikrowelle. Danach sind nicht nur die Gerüche verschwunden, sondern auch angebackene Futterreste und -spritzer sind aufgeweicht und können leichter entfernt werden.

Geruch im Kühlschrank

Frisches Fleisch und Fisch können Gerüche in Ihrem Kühlschrank zurücklassen.

Eine gute Methode zu ihrer Bekämpfung ist, eine Schüssel mit frischer Katzenstreu hineinzustellen – sie absorbiert alle Gerüche. Wechseln Sie die Streu einmal wöchentlich aus.

Geruch im Haus

s. a. »Zitronen«

Gifte

Haushaltschemikalien, Pestizide und Medikamente stellen alle Vergiftungsrisiken für Hunde dar. Symptome für eine Vergiftung sind

Verbrennungen am Fang, Erbrechen, starker Speichelfluss und Krampfanfälle.

Gifte lassen sich in fünf Kategorien einteilen: korrosiv, reizend, narkotisierend, hypnotisierend und sedativ.

Bei Verdacht auf Vergiftung sollten Sie Folgendes unternehmen:

1. Sofort den Tierarzt anrufen und um Rat fragen, ob Sie ein Erbrechen provozieren sollen oder nicht.

2. Die effektivste Methode, um Hunde zum Erbrechen zu bringen, ist Wasserstoffperoxid (3 %, aus der Apotheke), das mit einem Esslöffel pro 10 kg Körpergewicht dosiert wird. Achtung! Es darf nur gegeben werden, solange der Allgemeinzustand des Hundes noch gut ist.

3. Führen Sie kein Erbrechen herbei, wenn Ihr Hund eine Säure, eine Lauge, ein Lösungsmittel oder ein scharfes Reinigungsmittel verschluckt hat, sein Kreislauf sehr schwach ist oder er komatös ist, Beruhigungsmittel geschluckt hat, scharfe Gegenstände verschluckt hat oder mehr als zwei Stunden vergangen sind, seit er das Gift verschluckt hat.

4. Wenn Ihr Tierarzt nicht erreichbar ist und Sie wissen, was Ihr Hund gefressen hat, kann Ihnen möglicherweise auch die telefonische Giftberatungszentrale weiterhelfen. Bringen Sie Ihren Hund auf jeden Fall so schnell wie möglich zum Tierarzt und nehmen Sie ein Probe der Substanz mit, die er verschluckt hat (falls bekannt), am besten in der Originalverpackung. Die Angaben über die chemischen Inhaltsstoffe auf der Packung können dem Tierarzt helfen, die richtige Behandlung einzuleiten; oft finden sich darin auch Hinweise, wie bei einer Vergiftung vorzugehen ist.

5. Wenn Sie Bläschen an den Lippen Ihres Hundes sehen, hat er möglicherweise eine ätzende Säure verschluckt. Ätzende Säuren kommen zum Beispiel in Autobatterien vor. Spülen Sie die verätzten Stellen mit viel Wasser und anschließend einer Natronlauge.

6. Alkalische korrosive Stoffe kommen zum Beispiel in Abfluss- und Rohrreinigern vor. Nach gründlichem Abwaschen mit Wasser die Hautstellen mit einer 1:1-Mischung von Wasser und Zitronensaft oder Essig behandeln.
7. Nachdem Sie äußerlich diese Lösung aufgetragen haben, versuchen Sie, Ihren Hund zum Trinken zu bewegen (gilt für alkalische Stoffe und Säuren). Milch, rohes Eiweiß oder Olivenöl helfen, das gereizte Gewebe zu beruhigen. Bringen Sie Ihren Hund zur weiteren Behandlung zum Tierarzt.

Giftige Beeren

Wenn Sie den Verdacht haben, dass Ihr Hund im Herbst von den reichlich vorhandenen Beeren genascht und dabei etwas Giftiges erwischt hat, ist das alte Hausrezept die Verabreichung von Salzwasser. Weil es aber nicht sonderlich gut schmeckt, ist es nicht einfach, es in den Hund zu bekommen. Wenn Sie eine kräftige Prise Salz auf die Zunge Ihres Hundes kippen und ihm dann frisches Wasser geben, sollte die Beere zum Vorschein kommen.

Wenn es Ihrer Meinung nach eine giftige Beere war, fahren Sie sicherheitshalber zum Tierarzt. Denken Sie daran, die Beere mitzunehmen.

Besonders zu Weihnachten schmücken viele gerne ihr Heim mit Pflanzen, deren Beeren sehr giftig sind: Mistel, Stechpalme, Weihnachtsstern, Korallenbäumchen etc.

Passen Sie insbesondere auf, dass Hunde oder Katzen herunterfallende Beeren nicht fressen.

Glatzflechte

Diese Pilzinfektion ist bei Hunden recht selten. Untrügliche Symptome sind runde, kahle Stellen im Fell mit grauer Schuppenbildung und Krusten an den Rändern. Oft wird die Infektion über gemeinsam benutzte Halsbänder oder Fellpflegebürsten verschleppt. Tragen Sie bis zu sechsmal täglich Apfelessig auf die kahlen Stellen auf, bis sie verschwinden.

Grasflecken

Wenn Ihr Hund Grasflecken auf dem Teppich gemacht hat, weil er frisch gemähtes Gras mit hinein geschleppt und sich dann auf dem Teppich gewälzt hat, bürsten Sie die Teppichstelle zuerst aus und reiben Sie anschließend eine schwache Lösung von Methylalkohol und Wasser in den Fleck, und zwar von außen nach innen. Lassen Sie den Teppich trocknen und bürsten ihn anschließend aus.

Grasflecken auf Hundedecken

Reiben Sie reichlich Zuckerrübensirup auf den Fleck, lassen Sie dies zehn Minuten einwirken und waschen Sie die Decke anschließend in lauwarmem Wasser.

Eine andere gute Methode zur Grasfleckentfernung von Hundedecken ist Rhabarbersaft: Schneiden Sie eine Rhabarberstange in Stücke und legen sie in eine Pfanne mit kaltem Wasser. Kochen Sie das Ganze ein paar Minuten lang kräftig auf und halten Sie dann die befleckte Stelle der Decke ein paar Minuten lang in diesen heißen Sud. Spülen Sie mit kaltem Wasser aus und waschen Sie die Decke anschließend wie gewohnt.

Grassamen

Überprüfen Sie in den Sommermonaten immer wieder, ob sich keine Grassamen zwischen den Pfotenballen Ihres Hundes festgesetzt haben. Sie können beträchtlichen Schaden anrichten! Manchmal bohren sie sich wie Nadeln in die Zehenzwischenhäute und verschwinden dort, bevor Sie sie noch bemerken konnten. Halten

Sie deshalb das Haar unter den Pfoten und zwischen den Ballen kurz. Kontrollieren Sie die Pfoten, indem Sie die Zehen auseinanderspreizen und die Zwischenräume mit den Fingern abtasten. Wenn Sie fest steckende Grassamen finden, machen Sie die Haut zuerst mit etwas Pflanzenöl geschmeidig und entfernen den Störenfried dann mit der Pinzette. Streichen Sie etwas Honig über die Wunde, um die Heilung zu fördern. Falls die Wunde sich infiziert, müssen Sie zum Tierarzt gehen.

H

Haare auf Teppichen und Polstermöbeln

Ziehen Sie einen Turnschuh (einen möglichst nicht riechenden ...) wie einen Handschuh über Ihre Hand, reiben Sie mit der Sohle über den Teppich und staubsaugen Sie anschließend. Auf diese Weise können Sie alles widerspenstige Haar entfernen.

Bei Haar an Polstermöbeln und Kleidung verwenden Sie Packklebeband, das Sie mit der klebenden Seite nach außen um Ihre Hand gewickelt haben. Rubbeln Sie Möbel und Kleidung damit ab – viel billiger als spezielle Reinigungsbürsten oder -roller!

Wenn Sie muffige Gerüche aus Ihrem Teppich vertreiben möchten, kaufen Sie keine teuren Teppich-Deos, weil diese oft Chemikalien beinhalten, die bei Kindern und Haustieren ernsthafte Hautprobleme verursachen können. Streuen Sie stattdessen einfach preiswertes Talkumpuder über denn Teppich und saugen es anschließend auf. Der Effekt ist der gleiche – bei einem Bruchteil der Kosten.

Halskrause

Wenn ein Hund sich verletzt hat, ist manchmal das Anlegen einer Halskrause nötig, um zu verhindern, dass er an den Verbänden oder der Wundnaht leckt oder nagt. Sie können die Kosten für eine solche Halskrause sparen und selbst eine anfertigen.

Schneiden Sie ein großes Rechteck aus einem Stück alten Pappkarton und schneiden Sie ein Loch in die Mitte. Schlitzen Sie den Karton auf einer langen Seite vom Rand bis zum Loch in die Mitte auf. Legen Sie die Konstruktion Ihrem Hund über den Kopf und kleben Sie den Schlitz mit Tesaband zu. Auf diese Weise können Sie völlig kostenfrei so viele Halskrausen herstellen, wie Sie benötigen.

Ich habe auch schon einmal einen Hund aus einem Plastikeimer blinzeln sehen, dessen Boden man entfernt hatte.

Haut

Um roten Flecken und Pickeln bei kurzhaarigen Hunden vorzubeugen, pürieren Sie drei Erdbeeren in einer Vierteltasse Essig, lassen alles zwei Stunden ziehen und gießen den Essig durch einen Filter ab.

Streichen Sie die Paste über den Hund, lassen sie so lange wie möglich einwirken und spülen sie dann ab. Schon bald wird die Haut frei von Flecken und Pickeln sein.

Raue Haut

Streichen Sie mit einem Wattebausch Glyzerin auf und streuen dann normales Salz darüber. Eine Minute lang einwirken lassen, mit lauwarmem Wasser abspülen und trocknen lassen.

Um raue Hautschuppen sanft zu entfernen, reiben Sie mit einem Stück verbranntem Toastbrot darüber.

Hauttonikum

Bei nasskaltem Winterwetter und kaltem, trockenem Wind werden Haut und Fell schnell trocken, besonders, wenn der Hund anschließend vor dem Kaminfeuer liegt. Wenn Sie Ihren Hund das nächste Mal baden, können Sie folgendes Hauttonikum ausprobieren:

Schneiden Sie eine ganze Zitrone mitsamt Schale in dünne Scheiben und geben sie in einen halben Liter fast kochendes Wasser. Lassen Sie alles über Nacht ziehen. Sprenkeln Sie es am nächsten Tag nach dem Baden über das Hundefell und lassen es trocknen. Dieses Tonikum ist gut bei Hautproblemen und Flohstichen.

Heißes Wetter

Kühlung für Hunde

Besonders schwarzhaarige oder ältere Hunde können sehr unter der Hitze leiden. Tauchen Sie am Abend ein altes Handtuch in Wasser, legen es unausgewrungen zusammen und in eine Plastiktüte und stecken Sie es in den Kühlschrank. Morgens können Sie es zuerst unter die Decke ins Hundekörbchen legen und später, wenn es zu tauen beginnt, das Handtuch über Ihren Hund legen. Die Kühlwirkung hält so etwa vier Stunden lang an.

Wenn Ihr Kühlfach zu klein für ein Handtuch ist, machen Sie so viele Eiswürfel wie möglich. Füllen Sie eine Wärmflasche zur Hälfte mit kaltem Wasser, geben die Eiswürfel dazu und legen das Ganze unter die Decke ins Hundekörbchen.

Wann immer es sich vermeiden lässt, sollten Sie Ihren Hund bei heißem Wetter nicht im Auto mitnehmen. Selbst wenn Sie im Schatten parken, kann die Sonne weiter wandern und das Autoinnere trotz geöffneter Fenster so aufheizen, dass der Hund einen Hitzschlag erleidet oder sogar stirbt. Die Sonne braucht noch nicht einmal besonders stark zu scheinen, um die Temperatur im Auto bis auf gefährliche Höhen ansteigen zu lassen. Wenn Sie eine Tomate auf der Hutablage hinter der Heckscheibe liegen lassen, platzt sie nach ein paar Stunden auf. Anhand dieses Beispiels können Sie sich klar machen, was es für Ihren Hund bedeutet, wenn Sie ihn im Auto alleine lassen – auch bei geöffnetem Fenster! Wenn die Außentemperatur 22 Grad beträgt, werden es im Autoinneren im Handumdrehen an die 40 Grad! Da Hunde im Gegensatz zu uns Menschen nicht schwitzen können, sterben sie sehr schnell an Hitzeerschöpfung.

Wenn Sie den Hund unbedingt mitnehmen müssen, können Sie Rücksitz oder Kombi-Kofferraum in ein relativ kühles Reiseabteil umfunktionieren: Füllen Sie am Abend vor der Abfahrt große, leere Plastikflaschen mit Wasser und legen Sie über Nacht in die Tiefkühl-

truhe. Schlagen Sie die gefrorenen Flaschen in alte Handtücher ein und legen Sie diese rund um Sitz oder Ladefläche – sie halten Ihren Hund unterwegs lange Zeit kühl.

Ein Mittel gegen Hitzschlag ist ein drittel Teelöffel Natron ins Futter (für große Hunde) – das hilft bei heißem Wetter.

Ein gutes Getränk gegen Dehydration (Austrocknung) ist 1 Teelöffel Salz und 1 Esslöffel Zucker auf einen halben Liter abgekochtes Wasser. Füllen Sie es in ein luftdichtes Gefäß und geben Sie Ihrem Hund davon häufig kleine Mengen.

Wenn Ihre Haustiere bei großer Hitze keinen Appetit mehr auf ihr Futter zeigen und Sie um die ausreichende Vitaminversorgung fürchten, können Sie ein paar »Eislutscher« herstellen. Lösen Sie einen Brühwürfel in einem halben Liter Wasser auf und frieren Sie das Ganze zu Eiswürfeln ein. Geben Sie jeweils einige davon in eine Futterschüssel – die meisten Hunde und Katzen mögen sie sehr gerne!

Kühlende Liegematte

Sie können eine sehr effektive Liegematte für Ihren Hund anfertigen, die ihn bei heißem Wetter angenehm kühl hält.

Gehen Sie zu einem Gartencenter und kaufen Sie dort eine Packung Polymer-Granulat. Das sind kleine weiße, steinharte Kristalle, die an Hagelkörner erinnern. Sie werden der Pflanzerde in Blumentöpfen beigemischt, um die Bodenfeuchtigkeit zu speichern. Das Material wirkt sehr stark absorbierend, wenn es nass ist. Ein Pfund Granulat kann etwa 200 Liter speichern.

Als Nächstes brauchen Sie einen Kissenbezug aus Baumwolle. Für einen großen Hund brauchen Sie einen Kopfkissenbezug, für einen kleinen tut es ein Sofakissen. Nähen Sie mehrere Schläuche oder Kammern ab, damit sich das Granulat gleichmäßig im Kissen verteilen lässt und nicht als ein großer Klumpen hin- und herrutscht. Bei einem Kopfkissen sind acht Kammern sinnvoll, je etwa 3 cm breit. Füllen Sie etwa einen gestrichenen Teelöffel voll Granulat in jede Kammer und nähen Sie diese zu.

Legen Sie die Kühlmatte 30 Minuten lang in Wasser, wobei sie sich zu etwa 50 % vollsaugt. Nach einer weiteren Stunde ist die Wasseraufnahmefähigkeit des Granulates erschöpft. Die Matte bleibt jetzt mehrere Tage lang feucht, oft bis zu fünf Tagen lang.

Wenn Sie zu viel oder zu wenig Granulat in die Hülle gefüllt haben, müssen Sie die Matte erst mehrere Tage lang trocknen lassen, bevor Sie die Kammern öffnen und nachfüllen können.

Um die Matte zu reinigen, spülen Sie sie in mildem Seifen- oder Essigwasser, spülen gut nach und hängen Sie an einem luftigen Ort zum Trocknen auf. NICHT IN WASCHMASCHINE ODER TROCK-NER STECKEN!

Wenn die Matte nicht gebraucht wird, hängen Sie sie an einem gut belüfteten Ort auf. Es kann bis zu zwei Wochen lang dauern, bis sie wieder völlig trocken ist. Wenn Sie die Matte nur kürzere Zeit weglegen müssen, stecken Sie sie in einer Plastiktüte in den Kühlschrank, damit sich kein Schimmelpilz bildet. Zur längeren Lagerung muss die Matte völlig trocken sein.

Heizkissen

Im Zoofachbedarf sind mittlerweile sogar Wärmekissen für Hunde erhältlich, die man ein paar Minuten lang in der Mikrowelle erhitzt und dann unter die Hundedecke legt. Sie halten das Hundelager die ganze Nacht lang warm. Sicher eine gute Idee – aber alle diese Heizkissen sind sehr teuer.

Warum also nicht selber eins herstellen, das nichts kostet? Sie müssen aber in diesem Fall schon im Frühjahr an den Winter denken, weil sie vermutlich den ganzen Sommer benötigen, um genügend Obstkerne zu sammeln. Sie müssen kleine Obstkerne aufbewahren und trocknen, am besten eignen sich Kirschkerne. Wenn Sie etwa ein Pfund Kerne beisammen haben, nähen Sie sie in ein

Baumwollkissen ein. Auch dieses Kirschkernkissen können Sie einfach in der Mikrowelle erhitzen und Ihrem Hund unter die Decke
legen – genau wie ein teures Heizkissen gibt es die ganze Nacht
lang Wärme ab.

Eine andere sehr gute Methode, um das Hundelager über Nacht
warm zu halten, ist ein Stück Luftpolster-Verpackungsmaterial, das
Sie in der passenden Größe zurechtschneiden und unter die Decke
legen. Eine billige und sehr effektiv isolierende Thermodecke!

Heuschnupfen und Stauballergie

Auch Hunde können eine Art von Heuschnupfen oder Stauballergie
entwickeln. Für diesen Fall können Sie Ihre eigene Hustenmedizin
herstellen:

Lassen Sie eine Tasse gehackter Zwiebeln über Nacht in einer
Tasse mit braunem Zucker ziehen. Bewahren Sie die entstehende
sirupartige Flüssigkeit im Kühlschrank auf und geben Sie Ihrem
Hund jeden Tag einen Esslöffel voll davon, bis die Symptome verschwinden.

Auch getrockneter Salbei, mit Honig vermischt und einmal täglich zum Futter gegeben, ist wirksam.

Hundebürsten

Die Bürsten und Kämme Ihres Hundes müssen regelmäßig gereinigt werden, damit sie sauber und frei von Ungeziefer oder Keimen
bleiben.

Mischen Sie zwei Tassen heißes Seifenwasser mit einer halben
Tasse Essig. Weichen Sie die Bürsten eine halbe Stunde lang in dieser Lösung ein und spülen Sie anschließend mit klarem Wasser
nach. Die Bürsten und Kämme werden so gleichzeitig gereinigt und
sterilisiert.

Hündin

läufige

Wenn Ihre Hündin in der Hitze ist und sie von fremden Rüden belästigt wird, reiben Sie einfach ein paar Tropfen Olbas-Öl (Apotheke
oder Drogeriemarkt) unter die Rutenwurzel. Der Duft schreckt
Rüden ab.

säugende

Wenn Ihre Hündin einen Wurf Welpen hat und Sie ihr bei der Milch-
bildung helfen wollen, geben Sie ihr in warmem (nicht kochendem)
Wasser eingeweichte Haferflocken. Bereiten Sie so viel davon zu,
wie Ihre Hündin vermutlich fressen wird. Wenn Sie den Brei nicht
von alleine frisst, mischen Sie jeweils kleine Portionen davon unter
das normale Futter.

tragende

Wenn eine tragende Hündin unter leichter Übelkeit leidet, können
Sie ihr ein Ingwerplätzchen geben, um den Magen wieder in Ordnung zu bringen. Himbeerblätter-Tabletten wird nachgesagt, dass sie
die Geburt erleichtern.

I

Insektenstiche

Insektenstiche können Ihren Hund wirklich quälen. Schnelle Erste Hilfe leistet ein Stück Seife, in kaltes Wasser getaucht und über den Stich gerieben. Der Juckreiz hört umgehend auf.

Es helfen auch Apfelessig, Knoblauch- oder Zitronenöl (letztere allerdings nur in Verdünnung!).

Auf den Stich getupfter Whisky oder eine halbe rohe Zwiebel, mit der Schnittfläche über den Stich gerieben, helfen.

K

Kahle Hautstellen

Kahle Stellen können sich bei einem übergewichtigen Hund entwickeln, der über längere Zeiträume auf dem Boden liegt.

Mischen Sie Ruß (falls erhältlich) und Schweineschmalz zu gleichen Teilen und gebrauchen Sie das Gemisch wie eine Creme.

Wenn Sie keinen Ruß zur Verfügung haben, massieren Sie Weizenkeimöl in die kahlen Hautstellen ein und geben Sie täglich auch einen Teelöffel davon über das Futter.

Auch das Einreiben der kahlen Stellen mit Kokosöl ist sehr hilfreich.

Günstig wirkt sich auch die zwei- bis dreimal wöchentliche Fütterung von Ölsardinen aus der Dose zusätzlich zum normalen Futter aus.

Trocknen Sie Fichtennadeln und bewahren Sie diese in einer Papiertüte an einem dunklen Ort auf. Geben Sie eine Hand voll davon in einem Stoffbeutel oder alten, zugeknoteten Strumpf in das Badewasser für Ihren Hund – das fördert das Haarwachstum.

Manchmal wächst das Fell nach Verletzungen oder Schnitten an der betreffenden Hautstelle heller nach als früher. Eine rein kosmetische Möglichkeit zum Dunklerfärben dieser Haare besteht darin, sie wiederholt und regelmäßig mit in sehr starken schwarzen Tee getunkten Wattebäuschen zu betupfen. Das beste Ergebnis erzielen Sie, wenn Sie den Tee lauwarm verwenden und von selbst auf dem Fell trocknen lassen.

Kaugummi

Bei heißem Wetter schleppen unsere Hunde manchmal aufgeweichten Kaugummi mit ins Haus, der anschließend an Möbeln, Hundedecken oder sonst wo kleben bleibt.

Wenn der Kaugummi an einem kleineren Gegenstand anpappt, ist die beste Lösung, das Ganze ins Kühlfach oder in die Gefriertruhe zu legen – sobald der Kaugummi hartgefroren ist, lässt er sich leicht ablösen. Wenn der verklebte Gegenstand so groß ist, dass er nicht in den Kühlschrank passt, halten Sie Eis oder ein gefrorenes Kühlakku so lange auf den Kaugummi, bis er gefroren ist.

Sie können den Kaugummi auch mit warmem Essig durchtränken, fünf Minuten warten und ihn dann ausbürsten.

Kauknochen selbst gemacht

Es ist ganz schön schwierig, wirklich gute Kauspielzeuge für Hunde zu finden. Entweder werden sie zu schnell aufgefressen oder sie splittern und werden gefährlich. Sie können Ihre eigenen Kauknochen herstellen, die sehr sicher sind und von Hunden geliebt werden.

Endlich gibt es eine Verwendung für alte, verholzte Wurzeln vom Rosenbusch! Schneiden Sie alle Stängel bis zur Wurzel ab, entfernen Sie alle dünnen und langen Nebenwurzeln und bürsten Sie die Wurzel dann gut unter Wasser ab. Lassen Sie sie zwei oder drei Wochen lang trocknen und hart werden, bevor Sie sie Ihrem Hund zum Spielen geben.

Sie können die Wurzel auch mit einer Speckschwarte einreiben oder Erdnussbutter darauf verstreichen, damit sie verlockend schmeckt. Dieser Kau»knochen« splittert nicht und wird von Hunden heiß geliebt.

Kletten im Fell

Wenn sich Kletten im Fell verfangen haben, reiben Sie etwas Pflanzenöl in die Haare und kämmen Sie das Fell dann vorsichtig durch.

Kolik

Das Wort »Kolik« beschreibt einen starken, krampfartigen, reißenden Schmerz im Bauch. Zur Linderung der Symptome lassen Sie etwa 50 Gramm frischer Löwenzahnwurzeln in Wasser köcheln, seihen den Sud ab und bewahren Sie ihn im Kühlschrank auf. Verabreichen Sie davon dreimal täglich einen Esslöffel. Führen Sie die Behandlung drei Tage lang fort.

Kolitis

Eine entzündliche Erkrankung des Dickdarms, oft hervorgerufen durch eine Unverträglichkeit bestimmter Futtermittel. Eines der Symptome kann Durchfall sein. Die Diagnose muss unbedingt von einem Tierarzt bestätigt werden.

Zur Linderung der Symptome mischen Sie einen halben Liter Milchpulver (z. B. zur Welpenaufzucht) mit zwei Esslöffeln Pfeilwurz.

Unter Rühren zum Kochen bringen und eine Minute lang kochen lassen. Vom Herd nehmen und fünf Minuten stehen lassen, dann zwei rohe Eier hinein schlagen.

Drei Tage lang dreimal täglich füttern, anschließend noch zwei Tage lang die Hälfte der Mixtur zusammen mit gekochtem Hühnchen und Reis geben. Versuchen Sie es dann drei Tage lang mit dem gewohnten Hundefutter und einem Esslöffel Pfeilwurz, überbrüht mit einem viertel Liter Wasser. Setzen Sie den Pfeilwurz ab, sobald der Kot Ihres Hundes wieder normal aussieht.

Ein weiteres Naturheilmittel bei Kolitis sind Brennnesseln, in eine Pfanne gelegt und knapp mit Wasser bedeckt. Bringen Sie das Wasser zum Kochen und kochen Sie das Ganze zu einer Art Brei ein, fügen Sie zwei oder drei Scheiben dunkles Brot hinzu und pürieren Sie alles mit dem Mixer. Fügen Sie etwa einen Esslöffel voll Brandy hinzu und lassen Sie den Hund alle zwei Stunden nach Belieben davon fressen, bis der Stuhlgang sich wieder normalisiert.

Krallen

Blutende Krallen

Wenn sich Ihr Hund eine Kralle abgebrochen hat, es stark blutet (was der Fall ist, wenn die Vene verletzt wurde) und Sie nichts zur Hand haben, um die Blutung zu stoppen, reiben Sie die Kralle über ein Stück feuchter Seife – das bringt die Blutung zum Stehen.

Hamamelis-Destillat, das man in Apotheken erhält, ist eines der besten Blutgerinnungsmittel die ich kenne. Es stoppt Blutungen an zerschnittenen Pfoten und kann bei den meisten Hunden ohne Nebenwirkungen verwendet werden. Es eignet sich auch gut für kleinere Verstauchungen. Tragen Sie es in beiden Fällen reichlich auf und lassen Sie es einziehen.

Weißer Pfeffer auf die blutende Kralle gestreut stoppt die Blutung ebenfalls. Anderenfalls wirkt auch gewöhnliches Mehl genauso gut.

Tunken Sie einfach die Kralle in das Mehl hinein und drücken Sie es etwas in die Wunde.

Brüchige Krallen

Wenn die Krallen Ihres Hundes ab einer bestimmten Länge leicht reißen und splittern, tupfen Sie täglich etwas medizinischen Alkohol oder Apfelessig darauf.

Läuse

Läuse sehen auf dem Hundefell manchmal aus wie kleine Hautschuppen, die sich bewegen. Man muss sehr genau hinsehen, um sie zu entdecken: meistens sitzen sie in der Ohrgegend.

Läuse sind noch schlimmer als Flöhe; ihr einziger Vorteil ist, dass sie an ein einziges Wirtstier gebunden bleiben. Um Ihren Hund auf Läusebefall zu überprüfen, müssen Sie das Haar auseinander scheiteln und die Haut am besten durch eine Lupe betrachten, vor allem im Bereich hinter den Ohren. Wenn Sie welche entdecken, drücken Sie einen in unverdünnten Essig getunkten Wattebausch auf die Haut oder tauchen Sie einen Flohkamm in Essig und kämmen Sie das Fell durch. Wiederholen Sie die Behandlung täglich, bis die Läuse verschwinden. Sie können dazu jede Sorte von Essig verwenden, wobei Apfelessig am angenehmsten riecht und auch recht preiswert ist. Wussten Sie übrigens, dass auch Ihr eigenes Haar Glanz bekommt, wenn Sie es nach dem Waschen mit einer Essiglösung spülen?

∾∾∾∾∾∾∾∾∾∾∾∾∾∾∾∾∾∾

Liegeschwielen

Älteren Hunden, die leicht unter Liegeschwielen leiden, hilft folgendes Rezept: Streichen Sie rohes, nicht geschlagenes Eiweiß mit dem Finger leicht über die Schwiele bzw. Druckstelle und lassen Sie es trocknen. Bei täglicher Anwendung sind die Resultate sehr gut.

Außerdem hilft folgendes Massageöl: 160 ml Rizinusöl in einem Topf erhitzen und eine Hand voll frischen Rosmarin beigeben, wenn es eine hohe Temperatur erreicht hat. Zehn Minuten lang simmern lassen, das Öl nach dem Abkühlen filtern. Das Öl einige Wochen lang zweimal täglich auf die Schwielen auftragen.

Alternativ können Sie auch täglich den Inhalt einer Vitamin E-Kapsel in die Schwiele einreiben, die so mit der Zeit weicher wird und verschwindet.

∾∾∾∾∾∾∾∾∾∾∾∾∾∾∾∾∾∾

M

Magenrumoren

Bei Rumoren und Poltern im Magen hilft Magnesiumhydroxid (als Tabletten oder Pulver zum Anrühren einer Lösung in der Apotheke erhältlich).

Manchmal hilft auch ein Teelöffel voll Haferflocken auf dem Futter.

Wirksam ist auch Ziegenmilch, vermischt mit einem Löffel Honig und morgens und abends gegeben. Sie können es auch mit einem Teelöffel voll bioaktivem Joghurt (morgens und abends) versuchen oder Reis mit etwas Käseraspel als letzte Nachtmahlzeit.

Milben

Der durch manche Milbenarten verursachte Juckreiz kann Hunde nahezu zum Wahnsinn bringen. Die Milben sind mit bloßem Auge oft schwer zu erkennen. Betupfen Sie die wundgekratzten Hautstellen reichlich mit Olivenöl, besonders auf der Unterseite des Fangs. Lassen Sie das Öl eine Stunde lang einwirken und spülen es dann aus. Das Öl tötet nicht nur die Milben ab, sondern unterstützt auch die Heilung der wunden Hautstellen.

Möbel ankauen

Ein altbekanntes Problem! Im Zoofachhandel sind die verschiedensten Produkte erhältlich, um das Annagen von Tisch- oder Stuhlbeinen zu verhindern, aber meiner Erfahrung nach ist das beste Mittel eine grüne Chilischote, halb aufgeschnitten und mit der Schnittfläche über das gefährdete Holz gerieben (nehmen Sie keinen roten Chili, weil er Verdauungsstörungen verursachen könnte). Der grüne

Chili verursacht außerdem keine Flecken auf den Möbeln. Die allerbeste Lösung des Problems ist aber natürlich, den Hund (oder Welpen) gar nicht erst so lange in der Wohnung alleine zu lassen, bis er aus Langeweile mit dem Möbelkauen beginnt!

Manche Welpen oder Junghunde beginnen auch plötzlich, mit einem Tisch- oder Stuhlbein zu »kämpfen« und hinterlassen dabei deutliche Zahnspuren im Holz. Um weitere Schäden zu verhindern, brauchen Sie ein Mittel, das weder dem Hund schadet noch das Holz verfärbt. Kaufen Sie in der Apotheke etwas Nelkenöl (es ist nicht teuer und eignet sich auch sehr gut, um vor Zahnschmerzen wundes Zahnfleisch leicht zu betäuben). Reiben Sie etwas von diesem Öl mit einem Taschentuch an das Möbelstück, auf das es Ihr Hund abgesehen hat. Er wird den Geruch und den bitteren Geschmack nicht mögen.

Ein weiteres Mittel, um zu verhindern, dass Ihr Hund die komplette Wohnungseinrichtung zernagt, ist eine scharfe Pfeffersauce wie z. B. Tabasco, auf die Holzoberflächen aufgetragen. Tabasco in dieser Menge schadet dem Hund nicht und in den meisten Fällen reicht schon der Geruch alleine, um dem Hund den Spaß zu verderben. Die Sauce lässt sich auch leicht wieder vom Holz abreiben. Sehr abschreckend wirkt auch Vick Vaporub Balsam.

Noch besser ist es, den Hund zum Kauen an seinen dafür vorgesehenen Sachen zu ermutigen, indem man Knochen oder Hundespielzeug mit Erdnussbutter bestreicht – Hunde lieben diesen Geschmack!

N

Nase

Aufgesprungene

Bei manchen Hunden sind aufgesprungene Nasenspiegel ein häufiges und unansehnliches Problem. Dagegen kann man Verschiedenes tun: einfaches, billiges Glyzerin bei Tag und Lippenbalsam bei Nacht auf die Nase aufgetragen helfen.

Im Sommer sollten Sie es mit einem Sonnenschutz versuchen: Zinksalbe, erhältlich vom Apotheker.

Auch Melkfett, das zur Pflege von Kuheutern verwendet wird und in Apotheken erhältlich ist, hilft bei aufgesprungenen Nasen.

Pigmentverlust

Wenn Ihr Hund am Nasenspiegel (oder den Augenlidern und Pfotenballen) Pigment verliert, ist dies in der Regel nichts Gefährliches, sondern ein rein kosmetisches Problem, das den Hundebesitzer mehr stört als den Hund.

Die Farbveränderung kann mit den Jahreszeiten variieren; in manchen Fällen wurde Pigmentverlust der Nase aber auch mit dem Gebrauch von Futter- und Wassernäpfen aus Kunststoff in Verbindung gebracht.

Im Zweifelsfall sollten Sie also die Kunststoffnäpfe gegen solche aus Keramik oder Edelstahl austauschen und beobachten, ob sich etwas ändert.

Wenn Sie Holunderbeeren ernten können, trocknen Sie diese langsam und vollständig und zerreiben Sie anschließend zu Pulver. Verwahren Sie es in einem luftdichten Behälter und geben Sie täglich einen halben Teelöffel voll davon über das Hundefutter, es unter-

stützt die Pigmentbildung. Auch Algenpulver, auf gleiche Weise verabreicht, kann helfen.

Nasse Hunde

Die schnellste Methode zur Trocknung nasser Hunde ist das Abreiben mit feuchtem Fensterleder. Rubbeln Sie den Hund kräftig ab, spülen Sie das Fensterleder aus und wiederholen Sie diese Prozedur so oft, bis der Hund trocken ist.

Nierenprobleme

Erhöhter Durst und häufiges Urinieren können auf Nierenprobleme hindeuten – hier muss unbedingt ein Tierarzt zu Rate gezogen werden. Mit steigendem Alter werden Hunde anfälliger für Nierenprobleme.

O

Ohren

Infektionen vorbeugen

Ohrinfektionen müssen immer tierärztlich behandelt werden. Sie können aber ihrer Entstehung vorbeugen, indem Sie die Hundeohren einmal wöchentlich reinigen.

Verwenden Sie dazu einen in Mandelöl, Olivenöl, Vitamin-E-Öl oder Ringelblumenöl getauchten Wattebausch. Auch Tee ist anwendbar.

Hefepilzinfektionen

Im Herbst und Winter kommen mit der höheren Feuchtigkeit hin und wieder Hefepilzinfektionen der Ohren vor. Sie sind an dickflüssigen, bräunlichen und übel riechenden Absonderungen zu erkennen. Mischen Sie ein Teil Weißweinessig mit zwei Teilen abgekochtem kaltem Wasser, füllen alles in eine kleine Sprühflasche mit feinem Sprühkopf und sprühen Sie die Mischung zwei Tage lang in die Ohren. Sie wirkt reinigend und tötet alle Bakterien ab.

Ohrmilben

Wenn Ihr Hund sich sehr häufig an den Ohren kratzt, kann es sein, dass er Ohrmilben hat. Im Frühjahr sind Hunde besonders anfällig für diese Milben. Sie können Ihr eigenes, unschädliches Ohröl herstellen, das bei diesem Problem hilft.

Zerdrücken Sie vier Knoblauchzehen und lassen sie über Nacht in einer Tasse Olivenöl ziehen, sieben Sie dann den Knoblauch ab. Erwärmen Sie das Öl auf etwa Körpertemperatur und träufeln Sie ein paar Tropfen davon in die Ohren Ihres Hundes. Wiederholen Sie die Prozedur jeden zweiten Tag, bis die Milben verschwunden sind.

P

Pfoten

Verbrannte Pfoten

Seien Sie sehr vorsichtig, wenn Sie bei heißem Wetter mit Ihrem Hund spazieren gehen. Wenn Asphaltoberflächen anschmelzen, gerät der Teer in die Hundepfoten und kann die Haut verbrennen oder sogar zum Schälen bringen. Wenn Sie bemerken, dass Ihr Hund geschmolzenen Teer an den Pfoten kleben hat, können Sie ihn vorsichtig mit einem in Speiseöl getränkten Wattebausch abreiben. Der Teer löst sich dann gut ab. Baden Sie die Pfoten anschließend in Salz- oder Essigwasser. Wenn Sie dann noch eine gute entzündungshemmende Creme auftragen, sollte alles in Ordnung sein. Mit Speiseöl können Sie auch Teerreste aus dem Fell Ihres Hundes entfernen.

Dünnhäutige und rissige Pfoten

Wenn Ihr Hund an den Pfoten besonders dünne und empfindliche Haut hat, die leicht zum Reißen neigt, warten Sie, bis sie komplett abgeheilt sind und betupfen Sie die Pfoten (nur bei heiler Haut!) ab und zu mit einem in medizinischem Alkohol getränkten Wattebausch. Die Haut wird dadurch härter und fester. Eine dreimal wöchentliche Anwendung reicht in der Regel.

Bei wunden, aufgesprungenen Pfoten können Sie ein paar Kartoffelschalen aufkochen und das abgekühlte Siedewasser für ein Pfotenbad verwenden. Die Pfote wird in wenigen Tagen heilen!

Entfernen Sie so viel wie möglich von dem zwischen den Pfotenballen wachsenden Haar und bestäuben Sie die Zwischenräume mit einem pilzhemmenden Puder.

Streichen Sie Vaseline auf die feuchten Hundepfoten und bestäuben Sie sie anschließend großzügig mit Babypuder, um eine Schutzschicht auf der Haut zu schaffen.

Klauenöl (aus dem Landwirtschaftsbedarf oder Reitsportladen, wo es als Lederpflegemittel verkauft wird) hilft ebenfalls bei wunden Pfoten, wenn man sie damit einreibt.

Sie können auch zwei bis drei Hand voll Efeublätter in einem Liter Wasser kochen und nach dem Abgießen einen Teelöffel Zaubernussextrakt (Hamamelispulver) pro Tasse Flüssigkeit hinzugeben. Baden Sie die Pfoten darin und bestäuben Sie sie anschließend mit feinem Mehl. Oft hilft es auch, den Hund zweimal monatlich etwa fünfzehn Minuten lang in warmes Wasser zu stellen, dem man zwei oder drei Teelöffel Bittersalz zugefügt hat.

Falls sich Ihr Hund einen Holzsplitter in die Pfote getreten hat, weichen Sie die umgebende Haut zuerst mit Speiseöl ein, damit sie weicher wird und betäuben Sie die Pfote leicht, indem Sie einen Eiswürfel darauf drücken. Jetzt können Sie den Splitter mit einer Pinzette herausziehen.

Salz an den Pfoten

Nach dem Winter bleiben oft große Mengen an Streusalz auf den Straßen übrig, besonders, wenn das Wetter trocken war. Dieses Salz kann für Hundepfoten sehr irritierend sein. Wenn Sie vermuten, dass Ihr Hund Salz an den Pfoten hat, baden Sie die Pfoten in warmem Wasser (ohne Seife) und anschließend jede Pfote noch eine Minute lang in einer Lösung, die aus einem Teil Essig zu zwei Teilen Wasser besteht. Lassen Sie die Pfoten von selbst trocknen.

Dorn in der Pfote

Lösen Sie einen Teelöffel Natronpulver in einem halben Liter lauwarmem Wasser und baden Sie die Pfote darin zehn Minuten lang.

Anschließend können Sie den Dorn besser sehen und mit einer Pinzette leichter entfernen.

Juckende Pfoten

Aloe Vera Saft, direkt von der Pflanze, wirkt kühlend und beruhigend. Alternativ können Sie auch Aloe Vera Gel nehmen. Eine wöchentliche Behandlung mit Zinksalbe hilft, die Pfoten gesund zu halten.

Prostatadrüsen

Viele ältere Rüden leiden unter Problemen mit der Prostata. Mit Brennnesseltee können Sie ihnen helfen: Geben Sie eine ganze Brennnessel in einen halben Liter kochendes Wasser und lassen Sie sie 15 Minuten lang kochen. Nach dem Abkühlen können Sie die Blätter ins Futter geben und Ihrem Hund das Kochwasser zum Trinken anbieten. Verdünnen Sie es so lange, bis er es akzeptiert.

Quetschungen und Prellungen

Zerreiben Sie ein frisches Hamamelis-Blatt (Zaubernuss) auf der betroffenen Stelle, um den Schmerz zu lindern.

Ziehen Sie zwei ganze Butterblumenpflanzen mitsamt Wurzel aus und kochen Sie diese in ein wenig Wasser. Nehmen Sie die Pflanzen aus dem Sud, lassen Sie ihn abkühlen und verwenden ihn als Lotion bei Prellungen.

Schmerzlindernd wirkt auch Essig, der mit einem Wattebausch auf die geprellte/gequetschte Stelle aufgetragen wird.

R

Rasen, braune Flecken im

Gartenliebhaber hassen es, wenn Hunde auf den Rasen urinieren und hässliche braune, verbrannte Stellen im grünen Gras verursachen. Wenn Sie dem Futter Ihres Hundes täglich 60 ml Tomatensaft beigeben, wird die Säure in seinem Urin neutralisiert und die braunen Flecken im Gras haben ein Ende. Der Tomatensaft verändert den Geschmack des Hundefutters nicht.

Räude

Räude wird von Parasiten verursacht, die auch Menschen befallen können. Da viele Füchse von einer besonders lästigen Form der Räude befallen sind, sollten Sie Ihren Hund in waldigen Gegenden besonders gut im Auge behalten. Er könnte sich ansonsten z. B. am Ruheplatz eines Fuchses anstecken.

Die sogenannte Demodexräude wird durch Milben verursacht und hat in manchen Gegenden wiederholt zu Fuchssterben geführt. Hundebesitzer sollten auch vorsichtig sein, wenn nachts Füchse in ihren Garten kommen. Während die Demodexräude für Füchse meist tödlich ist, können Haustiere sie bei guter tierärztlicher Versorgung überleben.

Falls Ihr Hund plötzlich wunde Stellen zwischen den Zehen, über den Augen oder auf der Nase zeigt und kahle Stellen im Fell bekommt, gehen Sie sofort zum Tierarzt. Folgende Lotion können Sie unterstützend zur Behandlung der wunden Hautstellen verwenden:

Mischen Sie Schwefelblüten und Kokosöl im Verhältnis 1:10, erwärmen Sie die Mischung vorsichtig, füllen Sie sie um und lassen sie abkühlen. Betupfen Sie die betroffenen Stellen damit zweimal täglich.

Sabbern

Manche Hunderassen, vor allem solche mit hängenden Lefzen, sabbern von Natur aus mehr als andere.

Geben Sie einen (wirklich nur einen) Tropfen Nelkenöl auf einen Zuckerwürfel und geben Sie ihn dem Hund zu fressen, bevor Sie aus dem Haus gehen.

Ein anderer Tipp ist, dem Hund ein kleines Stück karamellisierten Ingwer zu geben.

Auch ein Esslöffel voll Kamillen- oder Pfefferminztee kann helfen.

Schlangenbisse

Schlangenbisse sind zum Glück sehr selten, können aber trotzdem vorkommen. Wenn Sie glauben, dass Ihr Hund gebissen wurde, suchen Sie nach der Schwellung mit zwei Einstichwunden.

Bei Spaziergängen in gefährdeten Gebieten sollten Sie das Glück nicht herausfordern und immer ein Döschen Kaliumpermanganat dabei haben, das in jeder Apotheke preiswert erhältlich ist. Es ist das beste Gegenmittel, das ich kenne. Streuen Sie einfach ein paar Kristalle in die Wunde. Da das Kaliumpermanganat sofort zu wirken beginnt, verschafft es Ihnen wertvolle Zeit, um zum Tierarzt zu gelangen.

Versuchen Sie außerdem, sich eine Aloe Vera als Topfpflanze zuzulegen. Diese Pflanze ist wirklich von unschätzbarem Wert! Sie müssen nichts weiter tun, als ein Blatt abpflücken und den Saft auf die Wunde träufeln. Ein frisches Blatt lässt sich in einer Plastiktüte im Kühlschrank auch mehrere Tage lang aufbewahren, sodass Sie es erneut anschneiden und verwenden können.

❦❦❦❦❦❦❦❦❦❦❦❦❦❦❦❦❦❦❦❦

Schluckauf

Auch Hunde bekommen manchmal Schluckauf. Vergewissern Sie sich zuerst, ob nicht Würmer die Ursache dafür sind. Falls nein, frisst Ihr Hund möglicherweise zu hastig und schlingt sein Futter hinunter. Geben Sie ihm einen halben Teelöffel voll Kolik-Wasser für Babys (auch bekannt als Gripe Water), das aus einer Mischung von Sodium-Bicarbonat, konzentrierten Dillauszügen und Ingwer-Tinktur besteht.

Alternativ können Sie auch versuchen, Ihrem Hund einen halben Teelöffel voll Zucker oder Essig ins Maul zu geben.

Schmerzen

Rheuma, Entzündungen der Rückenwirbel und Hüftgelenksdysplasie

Wenn Ihr Hund nach Spaziergängen oder anderer Bewegung steif wirkt, leidet er möglicherweise unter einer dieser entzündlichen Erkrankungen. Befragen Sie zuerst Ihren Tierarzt.

Feuchtkaltes Wetter kann bei manchen älteren Hunden einen Rheumaschub auslösen. Das folgende Rezept hilft bei Rheuma oder sogar bei schweren Verrenkungen/Verstauchungen. Geben Sie einen Esslöffel (etwa 15 ml) Bittersalz in kochendes Wasser und lassen Sie die Lösung ganz abkühlen. Stellen Sie Ihren Hund mit dem verletzten Bein in ein Becken oder die Badewanne und lassen Sie die Lösung das Bein hinabtropfen. Wiederholen Sie die Behandlung zwei- oder dreimal täglich, bis Sie eine Besserung feststellen.

Wenn Sie einen älteren Hund haben, der von einem der oben aufgeführten Leiden betroffen ist, können Sie ihm viel Linderung verschaffen, wenn Sie täglich einen Teelöffel (etwa 5 ml) Apfelessig

❦❦❦❦❦❦❦❦❦❦❦❦❦❦❦❦❦❦❦❦

in einen halben Liter seines Trinkwassers geben. Dies wirkt bei den genannten Erkrankungen sehr günstig.

Hier das Rezept für ein Tonikum, das leicht selbst angerührt werden kann und bei einem an Arthrose leidenden Hund die Schmerzen lindert:

½ Grapefruit
1 Orange
1 Zitrone
2 Stangen Sellerie
4 Tassen Wasser
1 Esslöffel Essig
1 Esslöffel Bittersalz

Schneiden Sie Früchte und Sellerie mitsamt Schale klein und lassen Sie alles in einem Topf ohne Deckel etwa eine Stunde lang köcheln. Pressen Sie den Brei durch ein Sieb, rühren Sie einen Esslöffel Essig und 1 Esslöffel Bittersalz in die Flüssigkeit und geben Sie jeweils eine viertel Tasse dieser Mischung in das normale Trinkwasser Ihres Hundes. Nach etwa vier Wochen regelmäßiger Anwendung können Sie mit einer Besserung rechnen.

Folgender Trank hilft ebenfalls bei Rheuma: Kochen Sie Blätter und Küchenreste von frischem Sellerie. Geben Sie das Kochwasser nach dem Kaltwerden Ihrem Hund zu trinken. Wenn Sie ihm dieses Wasser mehrmals pro Woche über einen längeren Zeitraum geben können, wird dies Ihrem Hund sehr gut tun.

Schütten Sie auch nicht das Wasser weg, in dem Sie Ihre Kartoffeln gekocht haben. Wenn Sie es auf das betroffene Gelenk tropfen, kann es viel Linderung verschaffen.

Ein weiteres Mittel zur Schmerzlinderung bei rheumatischen, arthrotischen und ähnlichen Schmerzen kann eine selbst gemachte warme Salzpackung verschaffen. Suchen Sie sich ein sehr starkes Stück Stoff und nähen Sie daraus einen oben offenen Beutel. Füllen Sie ihn mit Salz und nähen ihn anschließend zu. Wärmen Sie diese

Salzpackung in Backofen oder Mikrowelle an (nicht zu heiß!) und halten Sie sie über der schmerzenden Stelle fest, so lange Sie können. Das Salz hält die Wärme lange Zeit fest. Eine solche Salzpackung ist auch eine gute Alternative zu einer Wärmflasche, da kein kochend heißes Wasser auslaufen und den Hund verbrühen kann.

Schnittverletzungen und kleine Wunden

Ganz gleich, wie sorgsam Sie sich um Ihre Hunde kümmern – früher oder später fängt sich jeder Hund eine kleinere Schnitt- oder Rissverletzung ein. Für diese Art von Zwischenfällen habe ich stets ein kleines Einmachglas pulverisierter Eierschalen im Küchenschrank. Waschen und trocknen Sie ein paar Eierschalen und zerstoßen Sie sie in einem Mörser (oder mit dem Pürierstab) zu feinem Pulver. In einem luftdichten Behälter bleibt dieses Puder so gut wie unbegrenzt haltbar. In kleinere Wunden gestreut, bringt es das Blut unmittelbar zum Gerinnen, sodass die Blutung stoppt.

Überbrühen Sie eine Hand voll Ringelblumenblüten mit kochendem Wasser und lassen Sie sie abkühlen. Diese Lösung hilft sehr gut bei der Heilung kleinerer Wunden.

Bei kleineren Kratzern und Schnitten können Sie etwas Honig auf die zuvor gut gereinigte und getrocknete Wunde geben; er unterstützt die schnelle Heilung.

Versuchen Sie außerdem, sich eine Aloe Vera als Zimmerpflanze zuzulegen. Sie ist von unschätzbarem Wert! Sie müssen nur ein Blatt abpflücken und Saft auf die Wunde träufeln. Man kann die Blätter in einer Plastiktüte im Kühlschrank auch ein paar Tage aufbewahren und mehrmals benutzen.

Zur Blutstoppung bei kleineren Wunden können Sie folgendes tun:
- Etwas weißen Pfeffer darüber streuen. Klebt nicht fest.
- Einfache Zahnpasta stoppt die Blutung sofort.

- Ein frisches Blatt vom Weidenbaum, über der Wunde ausgedrückt und darauf gelegt, stoppt die Blutung sofort.

Hier ist das Rezept für eine wunderbare natürliche Heilcreme bei kleineren Verletzungen:

Erhitzen Sie etwas pürierten Knoblauch und vermischen Sie ihn mit so viel Seetangpulver (erhältlich in asiatischen Lebensmittelläden), dass eine Paste entsteht. Nach dem Abkühlen zwischen zwei Lagen Wundgaze schmieren und dieses »Sandwich« über der Wunde fest bandagieren. Alle acht Stunden wechseln.

Auch Kurkuma (als Puder) bringt Blutungen zum Stehen.

Ein sauberes Spinnennetz über die Wunde gelegt, bringt die Blutung bald zum Stehen.

(Bei weißen Haaren, die auf Wunden nachwachsen, siehe kahle Stellen.)

Schuppen

Kleine weiße Krümel im Fell verraten es: Ihr Hund hat Schuppen! So können Sie ein sehr wirkungsvolles, ganz natürliches Spray herstellen:

Nehmen Sie vier gehäufte Esslöffel getrockneten Thymian und kochen Sie ihn 10 Minuten lang in einem halben Liter Wasser. Sieben Sie den Aufguss ab und lassen Sie ihn abkühlen. Füllen Sie ihn in eine Sprühflasche, besprühen Sie das Hundefell leicht damit, reiben Sie die Flüssigkeit leicht ein und lassen sie anschließend an der Luft trocknen.

Wiederholen Sie die Behandlung zweimal wöchentlich, bis die Schuppen verschwunden sind.

Wenn Sie täglich eine sehr kleine Menge Nachtkerzenöl in das Futter Ihres Hundes geben, werden die Schuppen bald verschwinden. Hören Sie mit der Gabe auf, sobald Sie eine Besserung erkennen können.

❧ ❧ ❧ ❧ ❧ ❧ ❧ ❧ ❧ ❧ ❧ ❧ ❧ ❧ ❧ ❧ ❧ ❧ ❧ ❧

Sie können auch folgendes ausprobieren:

Zerstoßen Sie eine Aspirintablette zu feinem Pulver und mischen Sie es in das Shampoo, das Sie zum Waschen Ihres Hundes benutzen. So haben Sie aus einem gewöhnlichen Shampoo ein Anti-Schuppen-Shampoo gemacht.

Schwarzgesichtige Hunde

Damit schwarzgesichtige Hunde frisch und sauber aussehen (zum Beispiel vor einer Ausstellung), kann man ihr Gesicht mit in Kokosöl getränkten Wattebäuschen abreiben.

Sonnenbrand

Beobachten Sie Ihren Hund bei heißem Wetter gut auf Anzeichen von Sonnenbrand, denn Vorbeugen ist stets besser als Heilen.

Verwenden Sie bei weißen Hunden oder solchen mit hellen Nasenrücken immer eine Sonnenschutzcreme mit hohem Lichtschutzfaktor für Ohren und Nase. Sollte Ihr Hund doch einmal einen Sonnenbrand haben, hilft folgendes Rezept:

Gießen Sie eine halbe Tasse heißer Milch auf eine dicke Scheibe Zitrone, lassen sie eine Stunde lang stehen, gießen Sie vorsichtig die abgesetzte, geronnene Milch ab und verwenden Sie die übrig gebliebene klare Flüssigkeit als Lotion bei Sonnenbrand.

Rühren Sie eine Paste aus Maismehl und Wasser, die Sie auf den Sonnenbrand auftragen. Rohe Gurken- oder Kartoffelscheiben helfen, genau wie Joghurt oder nasse schwarze Teebeutel, gegen die Schmerzen.

Der Saft der Aloe Vera Pflanze oder Aloe Vera Gel hilft auch bei Sonnenbrand (siehe Schnittwunden und kleinere Verletzungen).

Auch ein viertel Liter lauwarmes Wasser, vermischt mit einer Tasse Apfelessig, verschafft als Lotion bei Sonnenbrand Erleichterung.

Tabletten verabreichen

Im Zoofachhandel sind verschiedene teure Hilfsinstrumente erhältlich, die das Verabreichen von Tabletten an Hunde erleichtern sollen. Sie brauchen keins davon. Drücken Sie die Tablette in ein Stückchen Butter oder Margarine und stecken Sie es Ihrem Hund weit hinten in den Fang, dort, wo keine Zähne sind. Er wird es nicht schaffen, die Tablette wieder mit der Zunge nach vorn zu bringen, weil sie zu rutschig ist.

Trauer um den Hund

Wer einen Hund hält, muss sich leider Gottes auch der Tatsache stellen, dass unweigerlich irgendwann der Tag kommt, an dem sein Freund sterben wird. Dies kann für manche Menschen eine zutiefst erschütternde Erfahrung sein, insbesondere für Ältere, die vielleicht bereits ihre gesamte Familie überlebt haben und niemand außer dem Hund mehr hatten. Nicht immer findet man dann Freunde, die bereit sind, einem zuzuhören oder gar zu verstehen, welche Gefühle einen bewegen. Nur zu oft fürchtet man sich vor den Reaktionen der Mitmenschen, wenn man vom Tod des geliebten Tieres spricht (»Es war doch nur ein Tier!«).

Zur Bewältigung der eigenen Trauer existieren inzwischen Selbsthilfegruppen oder sogar virtuelle Tierfriedhöfe im Internet.

Trinkwasser

Falls Sie wie ich Regenwasser sammeln, um unter anderem Ihre Hunde damit zu tränken, sollten Sie überprüfen, ob es auch als Trinkwasser sauber genug ist. Eine ganz einfache Methode, um dies zu überprüfen, ist folgende: Füllen Sie abends etwas Regenwasser in ein Glas und legen Sie einen Zuckerwürfel hinein. Lassen Sie das Glas über Nacht in einem warmen Raum stehen. Wenn das Wasser am nächsten Morgen klar ist, ist es auch frei von Keimen; wenn es trübe oder milchig erscheint, sollten Sie es Ihren Tieren besser nicht zu trinken geben.

U

Unkrautvernichtung

Mit der Verwendung chemischer Unkrautvernichtungsmittel in Ihrem Garten sollten Sie sehr vorsichtig sein, da viele davon sehr schädlich für Hunde sind. Das Gras und Unkraut, das trotz aller Versuche des Ausrupfens immer wieder zwischen den Fugen von Pflastersteinen oder aus Rissen im Beton sprießt, lässt sich gut bekämpfen, indem man Essigessenz unverdünnt in die Fugen oder Risse gießt. Sie ist unschädlich für die Tiere und vernichtet das Unkraut zuverlässig.

V

Verbände abfressen

Immer wieder gibt es Situationen, in denen Hunde Verbände tragen müssen, die ihnen unangenehm sind. Um sie daran zu hindern, den Verband abzufressen, schmieren Sie ihn dick mit Seife ein.

Verbrennungen

Kleinere Verbrennungen und Sonnenbrand können mit einem der folgenden Hausrezepte behandelt werden:

Verrühren Sie so viel Wasser mit Mehl, dass eine Paste entsteht. Streichen Sie diese auf die Verbrennung und warten Sie, bis sie von alleine trocknet und abfällt.

Scheiben von roher Gurke, Kartoffel oder einem Apfel werden 10 Minuten lang auf der betroffenen Hautstelle festgehalten.

Bestreichen Sie die Hautstelle vorsichtig mit Joghurt.

Halten Sie einen nassen, kalten Teebeutel oder Teeblätter für einige Minuten auf die Verbrennung.

Sie können auch eine Mischung aus Salatblättern herstellen und über die Sommermonate im Kühlschrank auf Vorrat halten. Kochen Sie dazu einige Blätter Kopfsalat in mehreren Litern Wasser, seihen Sie es ab und lassen Sie die Flüssigkeit im Kühlschrank abkühlen. Tunken Sie einen Wattebausch hinein und betupfen Sie die betroffene Stelle vorsichtig damit.

Wenn Ihr Hund sich einen Sonnenbrand geholt hat, zerreiben Sie vorsichtig eine frische, reife Erdbeere auf der Haut, um ihm Linderung zu verschaffen. Auch eine frische Himbeere hilft. Gekochter und pürierter, kalter oder eingemachter, kalter Rhabarber ist ebenfalls nützlich bei Sonnenbrand.

Verdauungsbeschwerden, leichte

Manche Hunde reagieren auf plötzliche Wetterschwankungen mit leichten Verdauungsstörungen. Für solche Fälle gibt es einige Dinge, die Sie ohne Gefahr von Nebenwirkungen für Ihre Hunde tun können:

Schneiden Sie das Weiße eines gekochten Eies in kleine Stückchen, vermischen Sie diese mit einem Esslöffel Wasser und geben Sie Ihrem Hund je einen Löffel davon. Wenn Ihr Hund diese Mischung nicht mag oder sehr klein ist, können Sie es auch mit Mineralwasser ohne Kohlensäure versuchen.

Auch die beiden folgenden Rezepte führen innerhalb von 24 Stunden zu einer Besserung:

2 Teelöffel Glukose (in der Apotheke erhältlich)
½ Teelöffel Salz
½ Liter kochendes Wasser
Alles vermischen, abkühlen lassen und bei heißem Wetter geben

Wenn Ihr Hund unter leichten Verdauungsbeschwerden mit Durchfall leidet, können Sie schnell helfen:

Mischen Sie einen Esslöffel Naturjoghurt mit Lebendkulturen (mit anderem Joghurt geht es nicht) mit einem Teelöffel Honig (für mittelgroße Hunde – für kleinere oder größere Hunde entsprechend variieren). Innerhalb von 24 Stunden sollte das Problem behoben sein!

Die Mischung eignet sich auch gut für Welpen. Wenn der Durchfall anhält, müssen Sie natürlich unbedingt einen Tierarzt konsultieren.

Bei leichten Verdauungsproblemen können Sie auch folgendes Rezept probieren:

1 Teelöffel Brandy
1 Teelöffel Zucker
1 Esslöffel Wasser

Gut vermischen und alle Viertelstunde einen Teelöffel voll geben, bis die Mischung aufgebraucht ist.

Verstopfung

Wenn Ihr Hund 48 Stunden lang keinen Stuhlgang hatte, MÜSSEN Sie Ihren Tierarzt verständigen.

Sicherlich wird eines der folgenden Rezepte helfen:

Eine halbe frische oder getrocknete Feige, kleingehackt und täglich zum Futter hinzu gegeben.

Ein paar Walnüsse fein zu Pulver zermahlen, je einen Teelöffel voll täglich dem Hundefutter beifügen.

Ein paar Scheiben von Aprikosen aus der Dose, mehrmals täglich.

Ein Teelöffel gekochter oder eingemachter Rhabarber über das Futter.

Kleine Stückchen Lakritze für Kinder.

Zweimal täglich je einen Esslöffel voll reinen Naturjoghurt mit Lebendkulturen.

Vitamin-Zusatzfutter

Sie müssen kein teures Vitaminpulver für Ihren Hund kaufen, sondern können Ihr eigenes, preiswertes und ebenso gutes auch selbst herstellen. Sie benötigen folgenden Zutaten:

2 Tassen Trockenhefe
1 ½ Tassen Knochenmehl
½ Tasse Seetangpulver

Vermischen Sie die Zutaten und bewahren sie dunkel in einem luftdichten Gefäß auf. Geben Sie jeweils nur eine kleine Menge davon – mehr ist gar nicht nötig. In Drogerien, Gartenmärkten (für das Knochenmehl) und asiatischen Lebensmittelläden (Seetangpulver) erhalten Sie die Zutaten sehr günstig.

W

Warzen

Mit dem Älterwerden bekommen viele Hunde Warzen. Sie sind zwar an sich harmlos, können aber beim Bürsten oder Scheren des Hundes sehr stören, weil man sie dann leicht versehentlich verletzt und zum Bluten bringt.

Es gibt zwei natürliche Warzenmittel, von denen eins nur wenig und das andere gar nichts kostet.

Quetschen Sie jeden Tag den Inhalt einer Vitamin-E-Kapsel über der Warze aus. Das kostenlose Warzenmittel ist Löwenzahnmilch – pflücken Sie einen frischen Löwenzahn und reiben Sie den weißen Saft, der aus der Bruchstelle des Stängels austritt, über die Warze. Wiederholen Sie die Behandlung täglich, bis die Warze verschwindet.

Roher Knoblauch oder Bananenschalen können ebenfalls bei der Warzenbekämpfung hilfreich sein.

Weiße Hunde

Weiße Hunde bekommen leicht Verfärbungen der Haare rund um die Augen. Zur Bekämpfung gibt es einige teure Augenlotionen auf dem Markt, von denen Sie aber keine brauchen.

Alles was Sie benötigen ist eine Flasche Hamamelis-Destillat, das Sie preisgünstig in der Apotheke kaufen können. Verdünnen Sie es im Verhältnis 1:2 mit Wasser und reiben Sie es mit einem Wattebausch unter die Augen.

Bei täglicher Anwendung werden die Flecken bald verschwinden.

Als noch billigere Alternative zum Hamamelis-Destillat können Sie auch Natronpulver nehmen. Mischen Sie einen Esslöffel Natron mit einem halben Liter warmem Wasser und bewahren Sie die Lösung in einem verschlossenen Glas auf.

Wischen Sie damit täglich rund um die Augen oder über andere verfärbte Fellstellen. Die Flecken werden schnell blasser.

Wespenstiche

Eine Wespe sticht und fliegt anschließend weg; bei einem Bienenstich aber bleibt der Stachel in der Haut des Opfers stecken. Er muss entfernt werden, weil ein kleines Giftsäckchen daran hängt, das weiter Gift in die Wunde pumpt. Wespen- oder Bienenstiche am Körper Ihres Hundes können Sie behandeln, indem Sie sie mit einem in Essig getränkten Wattebausch betupfen.

Wenn Sie Whisky zur Hand haben, können Sie auch den äußerlich verwenden – er verschafft sofortige Linderung.

Auch ein kalter nasser Teebeutel oder ein Teelöffel Natron, vermischt mit etwas Wasser und auf den Stich gedrückt, helfen. Diese Methode hilft auch bei Brennnessel-Stichen und kleineren Verbrennungen.

Linderung verschafft auch ein angefeuchtetes Stück Seife, über die Wunde gerieben.

Wenn Ihr Hund innen in den Fang gestochen wurde, geben Sie ihm sofort ein Antihistaminikum in Tablettenform (eine halbe Tablette reicht für einen kleinen Hund) und bringen Sie ihn umgehend zum Tierarzt.

Wespenfalle

Auch bei Wespenstichen gilt: Vorbeugen ist besser als Heilen. Für eine selbst gebaute Wespenfalle brauchen Sie nichts weiter als ein leeres Marmeladenglas mit Deckel. Schneiden Sie einen kreuzförmigen Schlitz in den Deckel und klappen Sie die Ecken nach innen. Geben Sie etwas Marmelade oder sonst etwas Süßes in das Glas, füllen Sie es mit Wasser auf und schließen Sie den Deckel.

Die Wespen fliegen, von der Marmelade angelockt, nun in das Glas, kommen aber nicht mehr heraus. Sie können auch übrig gebliebenes Bier in das Glas füllen, damit die Wespen einen schönen Tod haben!

Wiederfinden heruntergefallener Tabletten oder Nadeln

Manchmal sind Tabletten, die für Hunde verschrieben werden, so klein, dass sie fast unmöglich wiederzufinden sind, wenn man sie aus Versehen auf den Boden fallen gelassen hat. Das Gleiche gilt für Nadeln oder Reißzwecken, die sich ein Hund dann nur zu leicht in die Pfoten treten kann.

Die Lösung besteht darin, eine alte Nylonstrumpfhose mit einem Gummiband über den Schlauch Ihres Staubsaugers zu ziehen. Saugen Sie den Boden wie gewohnt und kontrollieren Sie immer wieder das Schlauchende. Alle kleinen Gegenstände werden von der Strumpfhose gefangen, sodass Sie sich sicher sein können, die Tablette oder Nadel aufgesaugt zu haben.

Wunde Stellen

Die unscheinbare Zitrone, die alle von uns in der Küche haben, kann für unsere Hunde sehr nützlich sein. Tupfen Sie zum Beispiel etwas frischen Zitronensaft auf schlecht heilende Wunden – er fördert die Heilung enorm. Pur auf Insektenstiche oder Flohbisse aufgetragen ist er ebenso effektiv.

Eine Tablette Aspro – nicht Aspirin – zerstoßen, zermahlen und auf nässende Stellen gepudert, lässt diese schnell abheilen.

Würmer

Würmer können Sie erst dann im Hundekot sehen, wenn zuvor eine Wurmkur gegeben wurde und nicht etwa vorher. Bis die Wurmkur Wirkung zeigt, leben die Parasiten in Magen und Darm des Hundes.

Erwachsene Hunde müssen unbedingt alle sechs Monate entwurmt werden. Ich gebe meinen Hunden außerdem zusätzlich täglich eine Knoblauchkapsel und hatte noch nie ein Wurmproblem mit ihnen.

Knoblauchkapseln können Sie im Drogeriemarkt kaufen, aber auch selbst herstellen: Geben Sie etwa 30 g frisch zerdrückten Knoblauch auf 20 ml abgekochtes Wasser, füllen Sie die Mischung nach dem Abkühlen in ein Glas mit Deckel und geben Sie täglich zwei Tropfen davon über das Futter Ihres Hundes. Die zubereitete Mischung hält sich im Kühlschrank etwa zwei Monate lang. Natürlich können Sie sie auch in Eiswürfel einfrieren und nach Bedarf auftauen.

Zwei Kürbiskerne, alle drei Monate 4-5 Tage lang gegeben, wirken ebenfalls wurmtreibend.

Z

Zahn- und Maulpflege

Wenn sich Zahnstein auf den Zähnen aufbaut, führt er schnell zur Zerstörung des Zahnes. Um dem entgegen zu wirken, sollten auch Hundezähne regelmäßig gereinigt werden. Viele Hunde mögen es nicht, wenn man ihnen mit einer Zahnbürste zu Leibe rückt – versuchen Sie es deshalb mit einem Heftpflaster, das Sie um Ihren Zeigefinger kleben, anfeuchten, in Natron tunken und damit vorsichtig über die Zähne reiben.

Ein weiteres gutes Zahnputzmittel sind zerdrückte Erdbeeren. Ob Sie es glauben oder nicht – Erdbeeren reinigen Zähne außerordentlich gut. Das gilt übrigens auch für Menschen!

Reinigen Sie die Zähne Ihres Hundes auf natürliche Art und Weise, indem Sie ihm eine große Karotte zum Kauen geben.

Wenn Ihr Hund Zahnschmerzen hat, ist natürlich ein Tierarztbesuch fällig; in der Zwischenzeit kann aber ein Teelöffel voll Zitronensaft die Schmerzen lindern.

Wenn Sie das nächste Mal mit frischem Fenchel kochen, werfen Sie die Reststücke der Knolle nicht weg, sondern hacken sie klein und kochen sie in ein bisschen Wasser weich. Pürieren Sie anschließend das Gemüse mitsamt dem Wasser und füllen alles in ein luftdichtes Gefäß, so hält es sich im Kühlschrank bis zu zwei Monaten lang. Tunken Sie ein Stück Stoff in diese Mischung und reiben Sie damit über Zähne und Zahnfleisch Ihres Hundes, um sie bakterienfrei zu halten und den Atem zu erfrischen.

Zahnfleischfisteln

Wenn Ihr Hund kleine, weiße, schmerzende Stellen am Zahnfleisch hat, sind dies Zahnfleischfisteln. Besonders beim Zahnwechsel kommen sie häufiger vor. Drücken Sie ein- oder zweimal täglich einen nassen Teebeutel (schwarzer Tee) auf die Stelle, und sie wird schneller heilen, weil schwarzer Tee Gerbsäure (Tannin) enthält, die adstringierend wirkt. Wenn Ihr Junghund große Schmerzen beim Zahnen hat, verschafft ihm Zahngel für Babys, auf das Zahnfleisch gerieben, Erleichterung.

Zitronen

Zitronen sind unglaublich nützliche Früchte und sollten immer im Haus sein. Auf Insektenstiche oder kleine Wunden geträufelt, wirkt Zitronensaft adstringierend und antispetisch. Der Juckreiz hört auf und der Stich wird desinfiziert.

Bei Hundegeruch im Haus lassen Sie einfach eine aufgeschnittene halbe Zitrone über Nacht im Zimmer liegen und der Geruch wird verschwinden.

Zwingerhygiene

Ein achtel Liter Lavendelwasser, verdünnt mit fünf Litern Wasser, kann zum Reinigen des Zwingerbodens verwendet werden, um Fliegen fernzuhalten.

Auf Betonböden hilft ausgestreutes Salz besser gegen Fliegeneier als jedes Desinfektionsmittel.

Nach dem Abwaschen der Zwingerböden können Sie mit einer Tasse Essig auf einen Eimer Wasser zur Desinfizierung nachspülen.

Stellen Sie eine Schüssel mit Essig in den Zwinger, um den Hundegeruch in Grenzen zu halten.

Ameisen

Damit keine Ameisen in den Zwinger einwandern, können Sie den Saft einer Orange im Türbereich verreiben. Die Ameisen werden

sich nicht darüber wagen. Auch Chilipuder auf die Ameisenstraßen gestreut hilft.

Ein weiterer Trick, um Ameisen am Eindringen zu hindern, sind frische Zwiebelschalen an der Tür.

Mäuse

Wenn Sie in Ihrem Zwinger ein Mäuseproblem haben, verspritzen Sie einige Tropfen Pfefferminzöl. Die Mäuse hassen seinen Geruch und werden die Flucht ergreifen.

Schnecken

Um Schnecken von Ihrem Zwinger fernzuhalten, können Sie die ganze Schale einer Grapefruithälfte mit der offenen Seite nach oben vor den Eingang legen. Die Schnecken werden dort hinein kriechen anstatt in den Zwinger.

Zystitis

Eine schmerzhafte Entzündung der Harnwege, die leider nur allzu oft vorkommt. Anzeichen dafür, dass Ihr Hund unter Zystitis leidet, sind Schmerzen beim Urinieren und häufiges Absetzen kleiner Harnmengen.

Auch wenn Ihr Hund bereits vom Tierarzt verordnete Medikamente erhält, können Sie, ohne die Gefahr von Nebenwirkungen, folgendes geben:

Besorgen Sie sich etwas getrockneten Hopfen, pulverisieren Sie ihn so gut wie möglich, füllen Sie ihn in ein luftdichtes Gefäß und geben Sie je einen Teelöffel voll davon täglich über das Futter, bis die Symptome verschwinden. Um erneutes Auftreten zu verhindern, versuchen Sie es mit einer täglich über das Futter gestreuten Prise Salz.

Frische Petersilie, fein gehackt und über das Hundefutter gestreut, hilft bei Erkrankungen der Harnwege oder Prostata und hält obendrein den Atem frisch.

Spargel ist zwar sehr teuer, aber für dieses Rezept benötigen Sie nur die unteren, holzigen Teile der Stangen, die normalerweise abgeschnitten werden. Kochen Sie diese und hacken sie fein; geben Sie eine Woche lang täglich je einen Teelöffel voll davon zum Futter.

Wenn Sie an der Küste leben oder Urlaub am Meer machen, pflücken Sie etwas wilde Stranddistel, trocknen Sie die Pflanze und zerreiben sie zu Pulver, das Sie in ein luftdichtes Gefäß füllen. Täglich ein Teelöffel davon über das Futter gegeben hilft bei Zystitis und Blasenentzündung.

Besorgen Sie sich etwas trockenen Hopfen, verarbeiten ihn zu möglichst feinem Pulver, bewahren ihn in einem luftdichten Gefäß auf und geben Sie täglich einen Teelöffel davon, bis die Symptome verschwinden. Zur Vorbeugung können Sie täglich eine Prise Salz über das Futter geben.

Bedecken Sie etwa 100 Gramm Perlgraupen mit etwas Wasser, das Sie zum Kochen bringen. Seihen Sie die Perlgraupen ab und schütten Sie das Wasser weg. Gießen Sie einen halben Liter kochendes Wasser über die Graupen und lassen sie fünf Minuten köcheln, geben Sie etwas Zitrone hinzu und lassen alles abkühlen. Geben Sie Ihrem Hund diese Flüssigkeit so oft wie nötig zu trinken.

Index

Andrea Packulat
Hundekekse selbst gemacht
Rezeptideen zum Nachbacken

Warum eigentlich nicht mal selbst Leckerli
für den Hund backen, anstatt fertige im
Laden zu kaufen? Sie schmecken Ihrem
Hund sicher besser, sind gesünder, preis-
werter – und das Backen macht auch
noch Spaß! Hier finden Sie eine Auswahl
einfach nachzubackender, origineller
Rezepte mit hundgerechten Zutaten. Ihr
Hund wird begeistert sein!
24 Seiten, broschiert, durchgehend farbig
ISBN 978-3-933228-97-0
4,90 € (D) / 5,10 € (A) / 9,10 CHF

Andrea Packulat
Koch mal was für Bello!
Neue Rezeptideen für Hunde

Pfiffige und gesunde Rezepte, mit denen
es Spaß macht, nicht nur für sich selbst,
sondern auch einmal für den Hund mitzu-
kochen. Die meisten Rezepte sind nach
kleinen Veränderungen sowohl für Zwei-
als auch für Vierbeiner geeignet oder das
»Hundegericht« ergibt sich als Beiprodukt
zu Ihrem eigenen Essen. So ist der
Aufwand gering und das Vergnügen groß!
24 Seiten, broschiert, durchgehend farbig
ISBN 978-3-938071-26-7
4,90 € (D) / 5,10 € (A) / 9,10 CHF

KYNOS VERLAG Dr. Dieter Fleig GmbH
www.kynos-verlag.de

Imke Niewöhner

Hunde, die bellen, beißen nicht?

Gerüchte und alte Hüte rund um den Hund widerlegt

Um das Thema Hund kursieren zahlreiche Volksweisheiten, Halbwahrheiten, veraltete Annahmen und falsche Gerüchte – angefangen von »Rohes Fleisch macht aggressiv« bis hin zu »Man muss dem Hund zeigen, wer der Herr ist«. Die Autorin hat die alten Hüte gesammelt und widerlegt.
88 Seiten, witzige s/w-Zeichnungen von Martin Blank
ISBN 978-3-938071-22-9
9,90 € (D) / 10,20 € (A) / 18,10 CHF

Astrid Förg-Gnadl

Naturheilpraktischer Notfallkoffer für Hunde

Ein Ratgeber zur Ersten Hilfe

Homöopathie, Bachblüten und Naturheilmittel können auch in der Ersten Hilfe sinn- und wirkungsvoll eingesetzt werden – wenn man weiß, wann und wie! Die Autorin ist Tierheilpraktikerin und hat aus ihrem Erfahrungsschatz zusammengetragen, was im Notfall wirklich unterstützen kann, bis der Tierarzt kommt.
80 Seiten, durchgehend farbig
ISBN 978-3-938071-59-5
10,00 € (D) / 10,30 € (A) / 18,30 CHF

KYNOS VERLAG Dr. Dieter Fleig GmbH
www.kynos-verlag.de

Gaby Haag
Naturheilpraxis für Hunde

Ein umfassendes Handbuch der Naturheilkunde aus der Feder einer
erfahrenen Tierheilpraktikerin, das sowohl die Grundprinzipien der einzel-
nen Therapieformen erklärt als auch eine wertvolle Nachschlaghilfe bei
den verschiedensten Erkrankungen bietet. Bespricht Homöopathie,
Komplexmittel, Schüssler Salze, Bachblüten, Akupressur, Kräuter, Farb-
und Musiktherapie, Kinesiologie, Massage und bewährte Hausmittel.
340 Seiten, durchgehend farbig
ISBN 978-3-933228-82-6
34,80 € (D) / 35,80 € (A) / 60,20 CHF

KYNOS VERLAG Dr. Dieter Fleig GmbH
www.kynos-verlag.de